从零开始学

新电商数据分析

王力建　编著

清华大学出版社
北　京

内 容 简 介

本书总共10章内容，涉及16种分析工具，帮助新手从零开始学习电商数据分析，快速成为数据分析高手。

本书主要从两条线进行介绍：第一条是工具线，详细介绍了常用的Excel工具、新榜数据平台、神策数据、百度指数、360趋势、站长工具等16种电商数据分析工具的使用方法和技巧，让读者在最短的时间内从菜鸟变为电商数据分析达人；第二条是平台线，对淘宝天猫、京东、拼多多、抖音、快手、小红书、B站和视频号8个电商平台的数据分析进行了详细解读，帮助平台运营人员完成数据分析工作，从而达到盈利的目的，实现数据化运营。

本书结构清晰、语言简洁、图解丰富，适合三类人群阅读：一是对电商行业感兴趣，初学数据分析的新手；二是从事数据电商相关行业的个人或者公司；三是学习数据分析相关专业的院校及培训机构。

本书封面贴有清华大学出版社防伪标签，无标签者不得销售。
版权所有，侵权必究。举报：010-62782989，beiqinquan@tup.tsinghua.edu.cn。

图书在版编目(CIP)数据

从零开始学新电商数据分析/王力建编著. —北京：清华大学出版社，2022.10
ISBN 978-7-302-61880-5

Ⅰ. ①从… Ⅱ. ①王… Ⅲ. ①电子商务—数据处理 Ⅳ. ①F713.36 ②TP274

中国版本图书馆CIP数据核字(2022)第174818号

责任编辑：张　瑜
封面设计：杨玉兰
责任校对：徐彩虹
责任印制：丛怀宇
出版发行：清华大学出版社
　　　　网　　址：http://www.tup.com.cn，http://www.wqbook.com
　　　　地　　址：北京清华大学学研大厦A座　　　　　　邮　　编：100084
　　　　社 总 机：010-83470000　　　　　　　　　　　邮　　购：010-62786544
　　　　投稿与读者服务：010-62776969，c-service@tup.tsinghua.edu.cn
　　　　质量反馈：010-62772015，zhiliang@tup.tsinghua.edu.cn
印 装 者：小森印刷霸州有限公司
经　　销：全国新华书店
开　　本：170mm×240mm　　　印　　张：14.25　　　字　　数：249千字
版　　次：2022年10月第1版　　　印　　次：2022年10月第1次印刷
定　　价：59.80元

产品编号：084686-01

前言

■ 写作驱动

随着互联网的发展，传统的经营模式已被改变。电商行业的火热，让许多人趋之若鹜，但盲目跟风只能被淹没在人海中。而数据分析就像载着人们渡河的船，只有将数据分析应用到电商行业中，才能扬起人生的风帆，到达胜利的彼岸。

首先，通过分析实时数据，可以发现经营中的问题，同时也能找到问题存在的根源；其次，通过分析历史数据，总结数据规律，可以找到发展趋势，从而预测未来市场的变化，制定营销策略；最后，通过数据分析，可以了解用户需求，从而充分贴近用户需求，打开市场大门。

■ 本书特色

（1）内容全面：本书囊括了数据分析的基础理论知识、工具的使用方法和技巧、平台实战案例三个方面的内容，兼具营销推广、Excel 操作、吸粉引流等十余种功能。当读者遇到各种问题时，基本上都能在本书中找到答案。

（2）操作具体：关于数据分析工具的使用和平台的操作，清晰有序，配合图解，让读者一看就能心领神会。即使初次接触数据分析的读者，也能把各种操作步骤和使用技巧学会、学懂、学透。

（3）案例丰富：书中所用到的大量电商平台的数据分析实例素材，都基于作者电商运营多年实战的经验。以这些实例作为模板并稍作修改，即可将其应用于实际的分析中。

■ 作者售后

本书由王力建编著，参与编写的人员还有雷平等人，在此表示感谢。由于作者知识水平有限，书中难免有错误和疏漏之处，恳请广大读者批评、指正。

编　者

目录

第1章

入门：快速掌握新电商数据分析的基础知识

随着电商行业的不断发展，越来越多的电商企业和运营者开始关注数据应用。在数据大爆炸的时代，面对海量数据，如何才能让其发挥实际商业价值呢？这就需要运用数据分析，但对从未接触过数据分析的运营者来说，如何探索这片新领域，并且让它成为我们攀登高峰的助力呢？

本章将为大家介绍一些新人必看的数据分析步骤和常见方法，帮助大家走进新世界的大门！

- 在哪里查看数据
- 数据分析的具体步骤
- 数据分析的常见方法

1.1 在哪里查看数据

要想做好数据分析，首先得找到对应的数据。那么运营者可以在哪里查看新电商平台账号的相关数据呢？通常来说，运营者可以通过 3 种渠道查看账号的数据，即账号主页、官方平台和第三方平台。

1.1.1 账号主页

许多拥有独立 App 的电商平台，都设置了专门的账号主页。在账号主页界面中，运营者可以查看账号的部分数据。

例如，在快手账号主页界面中，运营者可以查看账号的"粉丝（数）""关注（数）""作品（数）""动态（数）""直播（数）"和"获赞（数）"。如图 1-1 所示为某快手号的账号主页。可以看到，该账号的"粉丝（数）"为 164.3 万人，"关注（数）"为 58 人，"作品（数）"为 829 个，"直播（数）"为 154 次，"获赞（数）"为 722.1 万次。

图 1-1　某快手账号的主页

需要注意的是，虽然通过账号主页可以快速查看账号的部分数据，但是该界面中呈现的数据相对来说是比较有限的。因此，运营者如果需要对账号进行全面分析，通常还需要结合其他渠道的数据。

1.1.2 官方平台

大多数电商平台都有自己的官方平台，运营者只需进入官方平台的后台，便可借助该平台提供的数据分析系统，查看和分析账号的相关数据。

例如，在头条号后台中，运营者不仅可以在"主页"页面中查看账号的"粉丝数""总阅读（播放）量"和"累计收益"，还可以查看账号近期作品的"展现量""阅读量""评论（量）"和"点赞（量）"。如图 1-2 所示为头条号的"主页"页面。单击左侧的"收益数据"和"作品数据"项，还可以进入对应页面，查看账号的相关数据。

图 1-2　头条号的"主页"页面

1.1.3　第三方平台

除了账号主页和官方平台之外，运营者还可借助第三方平台，特别是专业的数据分析平台，查看和分析账号的相关数据。这些平台通常都会对账号各方面的数据进行全方位的分析，运营者只需找到对应的板块，即可查看具体的数据。

网上的数据分析平台有很多，运营者可以根据自己需要分析的账号类型来选择第三方数据平台。例如，若分析图文类平台的数据，可以选择新榜平台；若分析视频类平台的数据，可以选择飞瓜数据和蝉妈妈等平台；若分析直播类平台的数据，则可以选择灰豚数据和抖查查等平台。

1.2　数据分析的具体步骤

通常来说，数据分析的流程大致分为 5 个步骤，即明确分析目的、数据采集、数据处理整合、数据分析评估和数据归纳总结。下面对这 5 个步骤所包含的具体内容分别进行说明。

1.2.1　明确分析目的

在做一件事之前，一定要先明确自身的目的，这样才能有的放矢，朝着目标前进。做数据分析也是如此。如果运营者需要进行数据分析，首先要做的就是明确自己的目的，即为什么要做数据分析。

例如，运营者可以从店铺近期出现的问题或开展的活动出发，明确数据分析的目的。比如，店铺近期出现了粉丝流失严重的现象，那么运营者可以将数据分析的目的明确为寻找粉丝流失的原因；又如，店铺近期开展了某项促销活动，那么运营者便可以将数据分析的目的明确为评估促销的效果。

1.2.2 数据采集

明确数据分析的目的之后，接下来运营者便可以根据目的来进行数据的采集。例如，当我们要分析粉丝数据时，可以在官网平台中采集关注人数变化的相关数据，如图 1-3 所示。

2022-01-17 至 2022-02-15				下载表格
时间	新关注人数	取消关注人数	净增关注人数	累积关注人数
2022-02-15	45	23	22	92589
2022-02-14	44	13	31	92567
2022-02-13	42	19	23	92536
2022-02-12	45	18	27	92513
2022-02-11	34	25	9	92486
2022-02-10	49	17	32	92477
2022-02-09	34	26	8	92445
2022-02-08	35	25	10	92437
2022-02-07	33	26	7	92427
2022-02-06	38	18	20	92420
2022-02-05	29	12	17	92400
2022-02-04	29	11	18	92383
2022-02-03	33	6	27	92365
2022-02-02	30	9	21	92338

图1-3　采集关注人数变化的相关数据

1.2.3 数据处理整合

采集数据之后，运营者就获得了一系列的数据。但这些数据中也包含了自己不需要的或者无效的内容。除此之外，光看数据可能还不够直观。此时，运营者便可以选择需要的数据并绘制成图表。例如，当我们需要让图 1-3 中 2022 年 2 月 2 日至 2 月 15 日的新关注人数更直观时，便可以将"净增关注人数"数据绘制成条形图，如图 1-4 所示。

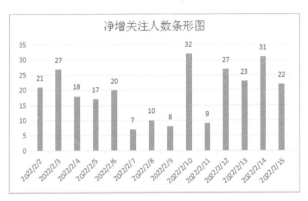

图1-4　净增关注人数条形图

1.2.4　数据分析评估

对数据进行处理之后，接下来便可以针对数据进行分析，评估相关数据是否达到预期目标。当然，在分析数据的过程中，我们可能需要对数据进行一些处理。运营者在提交分析报告的时候，可以利用图表讲述数据的故事，让数据看起来直观易懂。

图表能够直观地体现所统计数据的信息属性，是一种在读取信息和数据统计上使其看起来更直观舒适的图形结构。

例如，使用"突出显示单元格规则"功能可以突显重点数据，使数据分析更具表现力，具体操作步骤如下。

步骤 01 打开数据表，选择需要设置"突出显示单元格规则"的单元格；单击工具面板中的"开始"→"条件格式"按钮，如图1-5所示。

图1-5　单击"条件格式"按钮

步骤 02 在弹出的下拉列表框中选择"突出显示单元格规则"→"小于"选项，如图 1-6 所示。

图 1-6 选择"小于"选项

步骤 03 弹出"小于"对话框，在"为小于以下值的单元格设置格式"文本框中输入数值（如 0），单击"设置为"后面三角按钮，选择"浅红填充色深红色文本"选项；单击"确定"按钮，如图 1-7 所示。

图 1-7 设置"小于"对话框参数

步骤 04 突出显示单元格数据操作完成后，表格中小于 0 的数值所在的单元格的背景颜色变成红色，如图 1-8 所示。

时间	新增关注人数	取消关注人数	净增关注人数
		2月用户增长	
2022年2月1日	74	38	36
2022年2月2日	52	41	11
2022年2月3日	66	55	11
2022年2月4日	29	38	-9
2022年2月5日	37	40	-3
2022年2月6日	46	39	7
2022年2月7日	30	35	-5
2022年2月8日	92	36	56
2022年2月9日	44	29	15
2022年2月10日	71	41	30
2022年2月11日	58	36	22
2022年2月12日	63	41	22
2022年2月13日	22	35	-13
2022年2月14日	31	31	0
2022年2月15日	64	44	20
2022年2月16日	77	36	41
2022年2月17日	48	30	18
2022年2月18日	51	29	22
2022年2月19日	56	33	23
2022年2月20日	40	37	3

图 1-8 突出显示指定数据

从图中可以明显地看到，2022 年 2 月 4 日、2 月 5 日、2 月 7 日和 2 月 13 日的净增关注人数都小于 0，也就是说这 4 天的粉丝增长为负。对此，运营者需要对这几天的运营情况进行分析，了解自身存在的问题。

使用图表的最大目的就是使数据一目了然，不需要过多揣测其中所表达的意思。合理的数据图表，能更直接反映数据间存在的关系，这比一堆数据或者文字看起来更加直接和美观，它也是进行数据分析的最基础工具。

1.2.5　数据归纳总结

数据分析完成后，运营者还要对分析结果进行归纳总结。这个步骤可以定期进行，以便总结特定时间段内的数据。

比如，同样是分析店铺的新关注人数，运营者可以每周进行一次分析，每个月进行一次总结，并用 3 个月的数据进行每个季度的总结。依此类推，还可以进行半年、全年的数据分析。

专家提醒

很多人认为数据分析只需要完成对应数据的分析就可以了，其实不然，因为数据的归纳也很重要。通过数据归纳，不仅可以对数据进行归档，还可以在数据分析的基础上总结经验，为后续的工作提供指导。

1.3　数据分析的常见方法

在进行数据分析的过程中，方法的运用很重要。不同的分析方法适用于不同的情况，本小节将提供 8 种数据分析方法，大家可以根据自身情况进行选择。

1.3.1　直接评判法

直接评判法，简单来说就是数据分析者根据自身的经验对数据进行分析和评估。通常，利用直接评判法分析数据要满足以下两个条件。

（1）数据分析者自身拥有丰富的经验，能够正确分析和评估数据。

（2）用于分析的数据要足够直接，可以直观地评判数据的优劣。

如图 1-9 所示，为 2022 年 1 月上旬某店铺的关注人数变化情况。从图中可以看出，除了 2022 年 1 月 3 日和 1 月 9 日之外，该店铺的净增关注人数都超过了 40。

店铺关注人数变化情况			
日期	新关注人数	取消关注人数	净增关注人数
2022年1月1日	61	10	51
2022年1月2日	89	18	71
2022年1月3日	59	21	38
2022年1月4日	64	14	50
2022年1月5日	77	36	41
2022年1月6日	91	22	69
2022年1月7日	102	26	76
2022年1月8日	74	31	43
2022年1月9日	62	24	38
2022年1月10日	68	15	53

图1-9　2022年1月上旬某店铺关注人数变化情况

此时，店铺运营者便可以根据自身的经验对商务数据来进行评估。如果该店铺的净增关注人数基本上都超过了40，那么就可以利用直接评判法，判断出2022年1月3日和9日该店铺的运营数据出现了异常。对此，店铺运营者可以对该时间段的运营情况进行分析，寻找导致数据异常的原因。

1.3.2　分组分析法

分组分析法就是通过对分析对象进行分组，然后对各组别的数据进行分析和评估的一种方法。需要特别注意的是，利用这种方法进行数据分析时，分组要明确，数据既不能出现交叉，也不能出现遗漏。

如图1-10所示为某账号粉丝的地域分布图。图中根据账号粉丝所属的城市级别先进行分组，然后对各城市线粉丝的占比情况进行呈现，这便属于分组分析。

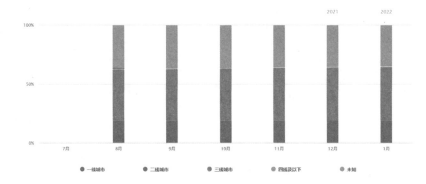

图1-10　分组分析

1.3.3　对比分析法

对比分析法，顾名思义，就是通过比较不同的对象并进行分析，了解彼此之间的差距，从而判断运营的效果。在分析数据的过程中，常见的是对两组数据进行横向对比和纵向对比。横向对比是指对同一时间内的不同对象进行对比；纵向对比是指对不同时间段的同一对象进行对比。

如图 1-11 所示为同一时间内两个平台的净增关注人数对比，该图便属于横向对比的一种形式。从该图中不难看出，A 平台在 2022 年 1 月 21 日至 30 日的净增关注人数普遍要比 B 平台高一些。

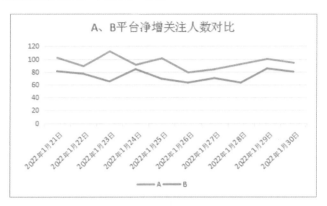

图 1-11　横向对比分析

如图 1-12 所示为某店铺 2020 年、2021 年净增关注人数对比，该图便是通过纵向对比来进行分析的。从该图中不难看出，该店铺 2021 年的净增关注人数明显要高于 2020 年。

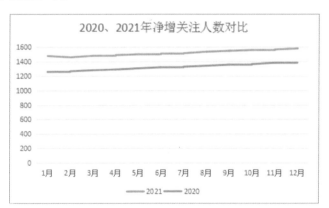

图 1-12　纵向对比分析

1.3.4　结构分析法

结构分析法，简单地说就是将各部分与总体进行比较，呈现各部分所占比例的一种方法。如图 1-13 所示为某账号关注人群的年龄分布图，这就是利用结构分析法来对数据进行呈现的。

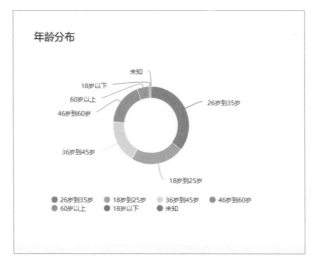

图 1-13　结构分析

1.3.5　平均分析法

平均分析法是通过平均数值来衡量具体数值与平均数值的关系，以及分析该数值表现的一种方法。常见的平均数值包括算术平均值、几何平均值和对数平均值。因为平均数值是数据的均值，所以具体数值通常会在平均数值附近浮动。因此，平均数值便能从一定程度上预测数据接下来的发展趋势。

如图 1-14 所示为某平台 2021 年净增关注人数分析。该图便是通过与平均（即算数平均值）净增关注人数的对比，来分析该平台 2021 年净增关注人数的数值表现的。很显然，这便是利用平均分析法进行数据分析。

图 1-14　净增关注人数分析图

1.3.6 矩阵分析法

矩阵分析法就是将两个指标分别作为横坐标和纵坐标，将坐标轴分为 4 个象限，从而让运营者直观地把握数据在这两个指标中的表现，并在对数据进行评估的基础上寻找具体的解决方案。

例如，可以根据重要性和急迫性对数据进行分类，然后根据自身情况确定数据分析的先后顺序。具体来说，可以先将重要性和紧迫性分别作为横坐标和纵坐标，将要分析的数据分为重要且紧迫、不重要但紧迫、不重要不紧迫和重要但不紧迫 4 个类别，如图 1-15 所示。

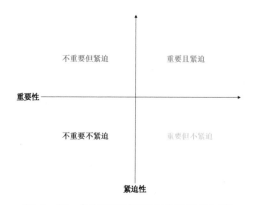

图 1-15　根据重要性和紧迫性划分象限

确定分类之后，接下来便可以根据自身需求确定要分析数据的先后顺序。如果要尽可能完成所有商务数据的分析，便可将紧迫性作为第一指标来对要分析的数据进行排序，并在坐标轴上标上序号，让先后顺序更加直观，如图 1-16 所示。

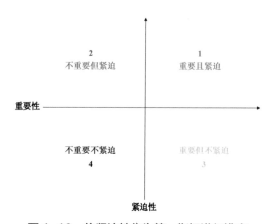

图 1-16　将紧迫性作为第一指标进行排序

同样的，如果想先将重要的数据分析完，也可以将重要性作为第一指标进行排序，如图 1-17 所示。

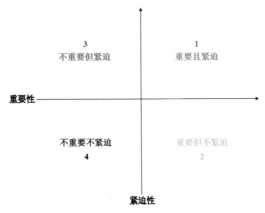

图 1-17　将重要性作为第一指标进行排序

1.3.7　漏斗分析法

漏斗分析法就是利用一张漏斗图对多种数据依次进行呈现，通常来说，越重要的数据放在漏斗图的越下方。如图 1-18 所示为一张漏斗分析图，在该图中，运营者认为比较重要的数据是订单量。

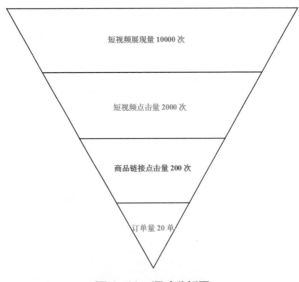

图 1-18　漏斗分析图

漏斗分析法是分析数据重要程度的一种有效方法。运营者在绘制漏斗分析图的过程，便是在心中对数据的重要程度进行排序。而绘制完漏斗分析图后，数据分析者心中最重要的数据便会出现在漏斗图的最下方。因此，漏斗分析法也被认为是筛选关键数据的一种便捷方法。

1.3.8　雷达分析法

雷达分析法是通过一张图对各类数据进行直观呈现，并在此基础上对数据进行对比分析。与其他分析法相比，雷达分析法的优势在于可以对多个数据的数值同时进行比较，从中找出数值相对较低的数据。

通常来说，如果一个数据相对较低，那么该数据便是有待提高的。因此，雷达分析法常被用来寻找运营过程中的薄弱环节。如图 1-19 所示为某账号的用户购买行为分析图，其使用的便是雷达分析法。

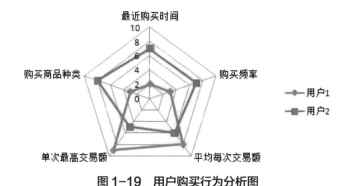

图 1-19　用户购买行为分析图

第 2 章

工具：新媒体电商数据分析的常用工具集合

当下这个时代，数据分析的重要意义不言而喻。但当我们准备踏上征途时，却发现不知道该走哪条路，原因其实是缺少一件装备，那就是数据分析工具。数据分析工具不仅可以帮助我们与竞争对手对抗，还是增加优势的必备条件。

本章介绍常用的数据分析工具。熟练掌握这些工具，就能使我们在征途中所向披靡，战无不胜！

- 互联网数据分析工具
- Excel 处理的可视化数据

2.1　互联网数据分析工具

在进行电商数据分析的过程中，运营者要学会使用各种工具，做好分析工作。可用于新媒体运营数据分析的工具有很多，本章就选择其中的 5 大必备工具进行重点解读。

2.1.1　新榜

新榜平台是一个综合型的内容产业服务平台。在该平台中，运营者可以输入账号 ID、名称等信息查看微信公众号、视频号、抖音号、快手号等众多账号的"榜单数据""发布规律"等相关数据。图 2-1 所示为新榜首页。

图 2-1　新榜首页

单击新榜首页账号类型的按钮，即可进入对应账号类型的页面。如图 2-2 所示为查看抖音号数据的新抖首页。

图 2-2　新抖首页

运营者在"直播"栏中可以查看榜单数据，包括"热门直播间""主播排行榜""直播带货风向"等电商数据，以便了解行业大牛的排行情况和直播带货的最新资讯。在"商品"栏中可以查看"热门商品的排行"和"热门带货视频"等内容，把握市场动态。

　　运营者在首页的搜索栏中输入账号 ID 或者名称之后，便可以搜索对应的账号，进入账号则可以查看详情，如图 2-3 所示，其中包括"粉丝数（全平台）""作品数""总获赞""近 30 日直播销售额"等基础数据。

图 2-3　"账号详情"页面

　　"账号详情"页面从"数据概览""粉丝画像""短视频作品""带货商品""直播分析"5 个方面的数据进行全面分析。如图 2-4 所示为"带货商品"的页面内容，包含"累计商品数""累计销售额""累计销量"等直播带货的关键数据；"每日销量走势"图清晰直观地反映了近 3 个月直播带货的销量走势，可以帮助运营团队掌握直播带货的销量趋势。"带货特征"则反映了账号经常带货的商品类型，从图中可以看出，该账号是以科技数码商品为主的带货达人。

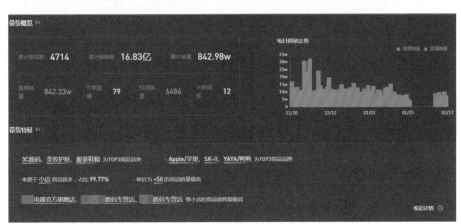

图 2-4　"带货商品"页面

2.1.2　神策数据

　　神策数据是为电商运营者推出的一种深度分析用户行为的产品，它可以通过全端数据采集和建模构建用户数据体系，从而让用户数据发挥更大的价值。下面为大家介绍神策数据的优势和主要工作内容。

1. 优势

相比其他数据平台，神策数据的优势主要体现在以下 4 个方面，如图 2-5 所示。

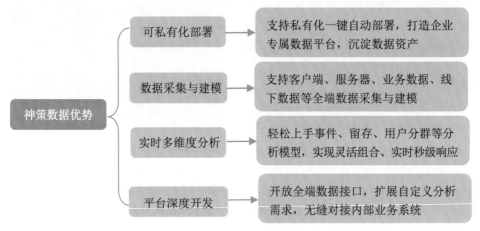

图 2-5　神策数据的优势

（1）可私有化部署：考虑到客户对于数据安全和隐私保护的需求，神策数据的分析技术在选型时便将私有化部署作为产品的核心设计理念。也正因为如此，电商平台运营者可以放心地在该平台中积累用户数据，并对数据进行深度研究和开发。

（2）基础数据采集与建模：随着互联网和通信技术的发展，用户可以通过 iOS、Android、Web、H5 和小程序等多个渠道进入同一个产品。针对这一点，神策数据采用全端数据采集的方式，将各渠道的用户数据打通，并在此基础上进行建模，从而让数据采集更加全面，分析结果更加准确。

（3）实时多维度分析：神策数据通过漏斗分析、留存分析和分布分析等多种方法，对用户数据实时进行多维度的分析。

（4）PaaS 平台深度开发：PaaS 即 Platform as a Service 的简称，译为平台即服务。PaaS 平台主要将应用服务的运行和开发环境作为服务提供给客户。

2. 工作

（1）产品优化：由于产品的用户体验与用户的转化和留存紧密相关，因此电商产品规划者对于产品的优化都会比较重视。借助神策数据，电商产品规划者可以通过需求分析、产品迭代和效果验证优化产品，提升产品用户体验（如图 2-6 所示）。

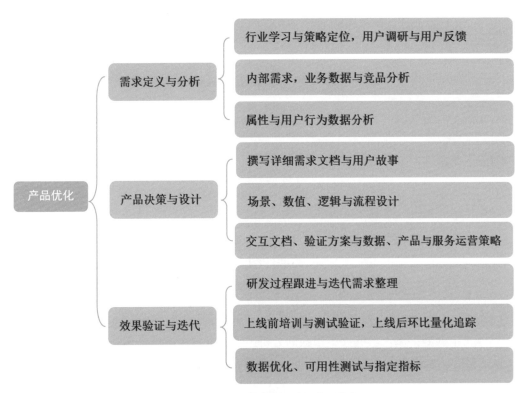

图 2-6　借助神策数据进行产品优化

（2）精细化运营：对于电商运营者来说，用户的活跃和留存无疑是运营的核心。而借助神策数据的分析，可以更好地进行用户的精细化运营，从而提高用户的忠诚度和实现账号实现，如图 2-7 所示。

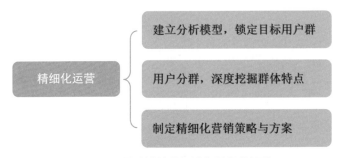

图 2-7　借助神策数据进行精细化运营

（3）市场营销：商家之所以要做电商平台的运营，就是想通过运营进行拉新和渠道投放。而借助神策数据的分析，则可以提升市场营销的效果，对流量拉新和渠道投放进行评估和优化，如图 2-8 所示。

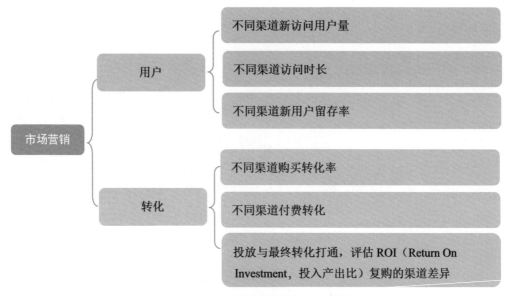

图 2-8　借助神策数据进行市场营销

（4）数据采集：数据采集是数据分析过程中非常关键的一环。而借助神策数据的分析，运营者及相关技术人员则可以获得全端的数据采集，如图 2-9 所示。

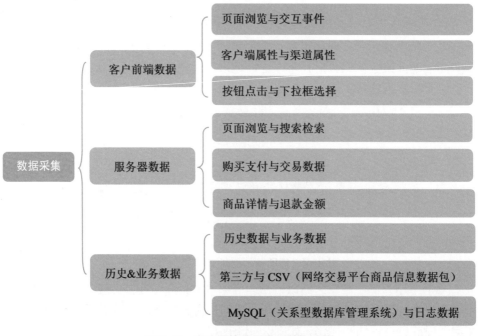

图 2-9　借助神策数据进行数据采集

2.1.3 百度指数

百度指数是网友在百度搜索中搜索关键词的产物，如图 2-10 所示。它能反映关键词在过去 30 天的用户关注度、搜索习惯等方面的变化，还可以进行自定义查询。

通过查看百度指数中关键词的"趋势研究""需求图谱"和"人群画像"，运营者可以了解关键词的热门程度，同时也能清楚搜索该关键词的人群特征。这样一来，运营者便可以结合关键词来打造相关话题，以便更好地吸引目标人群的关注，提升内容的营销效果。

图 2-10　百度指数首页

1. 趋势研究

以"男鞋"为例，运营者在百度指数首页中输入关键词"男鞋"，单击搜索栏右侧的"开始探索"按钮，便可进入关键词的"趋势研究"页面。

进入关键词的"趋势研究"页面之后，运营者首先看到的就是"搜索指数"板块。"搜索指数"板块中包含两方面的内容，一是关键词近 30 天的搜索指数变化趋势图；二是关键词的"整体日均值""移动日均值""整体同比""整体环比""移动同比"等数值。图 2-11 所示为关键词"男鞋"的"搜索指数"板块。

"搜索指数"板块下方是"资讯关注"板块，在其中运营者可以查看"资讯指数"板块的相关数据。

在"资讯指数"板块中，对资讯指数的数值变化和"日均值""同比""环比"等数值进行了展示。图 2-12 所示为关键词"男鞋"的"资讯指数"板块。

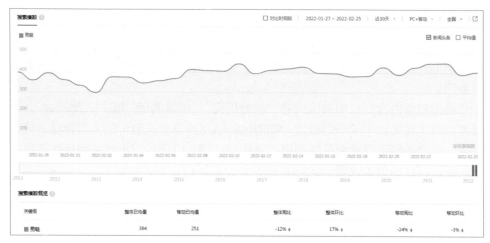

图2-11 关键词"男鞋"的"搜索指数"板块

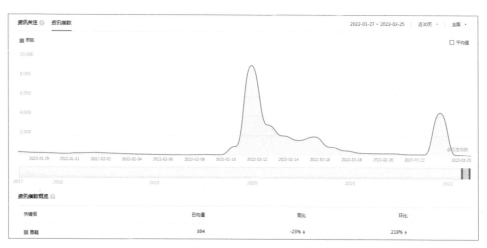

图2-12 关键词"男鞋"的"资讯指数"板块

2. 需求图谱

运营者单击"趋势研究"页面中的"需求图谱"按钮，进入"需求图谱"板块，便可查看关键词的需求图谱和相关词热度。

在"需求图谱"板块中，以图谱的形式将与关键词相关的词汇的搜索指数高低和搜索趋势进行了展示。图2-13所示为关键词"男鞋"的"需求图谱"板块。

在"相关词热度"板块中，分别对相关词的搜索热度和搜索变化率进行了展示。图2-14所示为关键词"男鞋"的"相关词热度"板块。

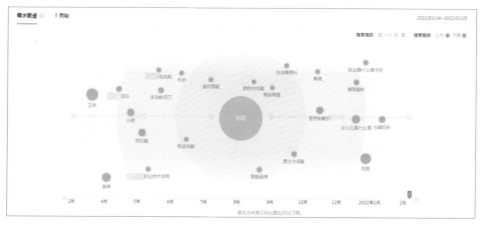

图2-13 关键词"男鞋"的"需求图谱"板块

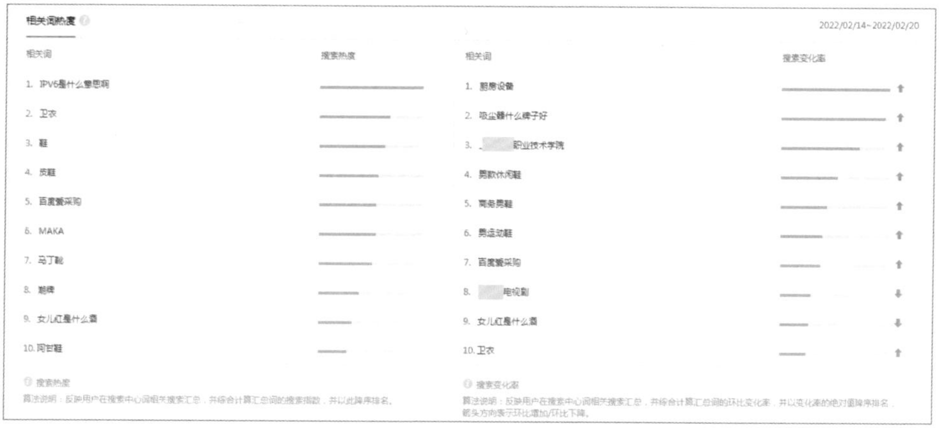

图2-14 关键词"男鞋"的"相关词热度"板块

3. 人物画像

运营者单击"需求图谱"页面中的"人群画像"按钮，进入"人群画像"页面，便可查看关键词的人群画像数据。进入"人群画像"页面之后，运营者首先看到的就是关键词的"地域分布"板块。

在"地域分布"板块中包含两方面的内容，一是用一张地图来表示国内各省份对该关键词搜索的指数高低；二是各地搜索指数的排行图。在各地搜索指数的排行图中，运营者可以选择"省份""区域"或"城市"方式查询具体排行。如图2-15所示为关键词"男鞋"在各省份和各城市的搜索指数排行图。

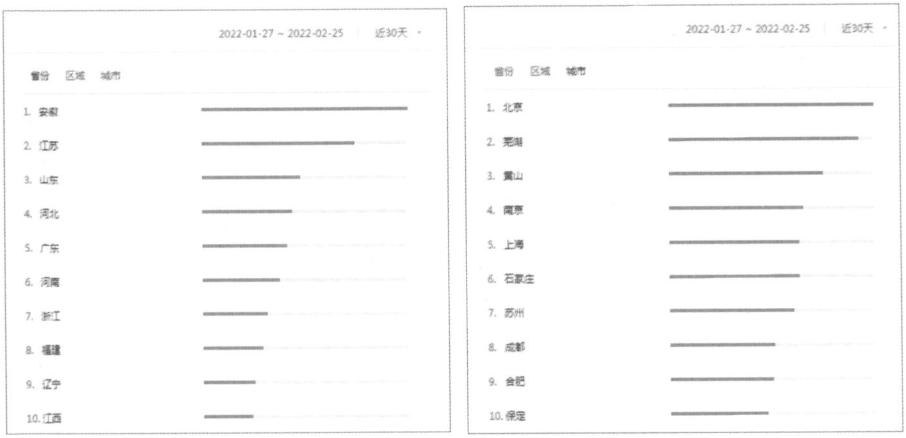

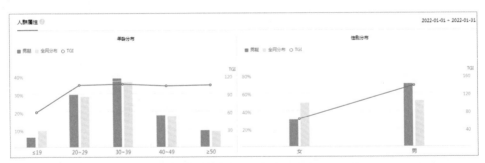

2022-01-27 ～ 2022-02-25	近30天

省份　区域　城市

1. 安徽
2. 江苏
3. 山东
4. 河北
5. 广东
6. 河南
7. 浙江
8. 福建
9. 辽宁
10. 江西

2022-01-27 ～ 2022-02-25	近30天

省份　区域　城市

1. 北京
2. 芜湖
3. 黄山
4. 南京
5. 上海
6. 石家庄
7. 苏州
8. 成都
9. 合肥
10. 保定

图 2-15　各省份和各城市的搜索指数排行图

"地域分布"板块的下方是"人群属性"板块，在该板块中会对关注该关键词的用户的年龄分布和性别分布情况进行展示。具体来说，在"年龄分布"板块中会对各年龄段用户关注该关键词的占比、全网分布占比和群体目标指数（TGI）进行展示；在"性别分布"板块中则会对男性和女性用户关注该关键词的占比、全网分布占比和群体目标指数（TGI）进行展示。如图 2-16 所示,为关键词"男鞋"的"人群属性"板块。

图 2-16　关键词"男鞋"的"人群属性"板块

在"人群属性"板块的下方是"兴趣分布"板块，在该板块中对各领域的关键词关注度、全网分布人群占比和群体目标指数（TGI）进行了展示。图 2-17 所示为关键词"男鞋"的"兴趣分布"板块。

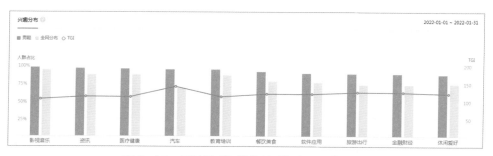

图 2-17　关键词"男鞋"的"兴趣分布"板块

2.1.4　360 趋势

360 趋势是 360 旗下的数据分析平台，它是以网友用搜索引擎的搜索行为数据为基础的大数据展示平台，为数据分析师提供网络搜索数据。数据分析师可以在 360 趋势中查看近 7 天、近 30 天以及自定义时间的关键词搜索状况，它具有 3 大功能，如图 2-18 所示。

相比于百度指数，360 趋势有一个优势是可以对两个关键词进行对比分析，即同时进行两个关键词的分析。以"皮鞋"和"跑鞋"为例，对这两个同类产品进行数据对比分析，能进一步了解"皮鞋"和"跑鞋"的市场。

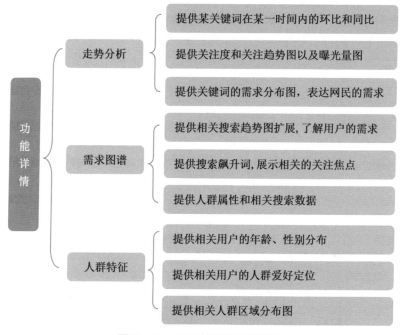

图 2-18　360 趋势的功能详情

在360趋势官网搜索栏上输入"皮鞋，跑鞋"，单击"搜索"按钮，如图2-19所示。进入到皮鞋和跑鞋的对比分析页面，其中包括"变化趋势""需求分布"和"用户画像"3个部分的内容。

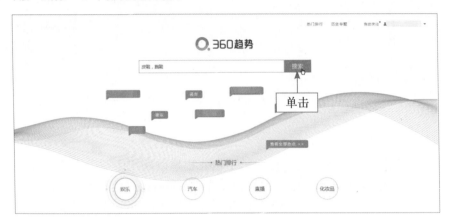

图2-19　360趋势首页

1. 变化趋势

首先可以在"变化趋势"页面中查看"关注度"和"关注趋势"图，如图2-20所示。图中数据显示，2022年1月27日～2022年2月25日，网友利用搜索引擎搜索"皮鞋"和"跑鞋"的关注指数各为196、153，说明在这个时间段网友对"皮鞋"的需求高于对"跑鞋"的需求。

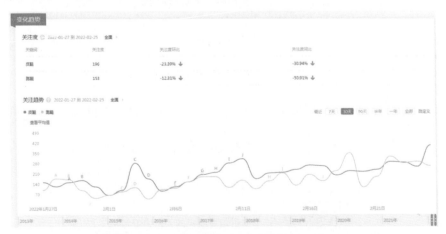

图2-20　"关注度"和"关注趋势"页面

下拉"关注趋势"页面，可以查看"曝光量"图，它以折线图的形式直观地展现了关键词的曝光次数及持续变化情况，如图2-21所示。从图中可以看出，近一个月内,除了 2022 年 2 月 1 日跑鞋的曝光量高于皮鞋外,其余时间都是"皮鞋"的曝光量高于"跑鞋"。做电商数据分析时,商家可以利用这些数据来进行商品、行业的对比。

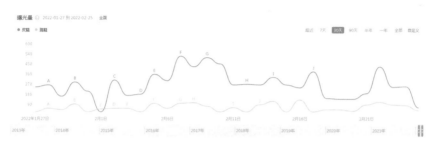

图 2-21   "曝光量"图

2. 需求分布

如图 2-22 所示,"需求分布"板块中的这两份关于"皮鞋"和"跑鞋"的报表是通过分析用户对关键词的相关搜索和浏览,计算出用户对该关键词的关注点分布的。越接近关键词,相关性越大;圆圈越大,关注度越高。

图 2-22   "皮鞋"与"跑鞋"的"需求分布"图

3. 用户画像

在"用户画像"板块中，可以对比"皮鞋"和"跑鞋"的年龄性别分布。如图 2-23 所示为"皮鞋"的"年龄性别"页面。图中数据显示，近一个月关键词"皮鞋"的搜索人群大多在 19 ~ 49 岁，女性用户人群稍高于男性用户人群。

而关键词"跑鞋"的搜索人群也是集中于 19 ~ 49 岁，但女性用户人群远高于男性用户人群，如图 2-24 所示。

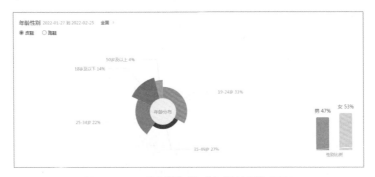

图 2-23 "皮鞋"的"年龄性别"页面

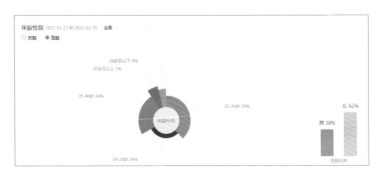

图 2-24 "跑鞋"的"年龄性别"页面

2.1.5 站长工具

站长工具是一个用于对相关网站进行检测以及查询网站信息、排名的工具。它能为数据分析师在查询网站或者网页信息时提供一个强有力的帮助。人们经常使用的功能有 Alexa、权重查询、网站域名 IP 查询等。

站长工具的功能比较齐全，涉及的范围也比较广，其主要表现形式有 Web（全球广域网）形式的工具箱、flash（存储芯片）形式工具箱等。站长工具是分析网站基本信息的一个必备工具，数据分析师可以借助站长工具来对某一个网站进行数据分析与信息采集。

站长工具不仅可以根据网址进行查询，还可以根据关键词进行查询，其功能主要分为 5 大类型，如图 2-25 所示。

图 2-25　站长工具的常用工具

通过站长工具中的数据，能大致了解网站排名、网站的 Alexa 排名走势和百度收录量变化。运行了一段时间的网站，一般都可以在站长工具里查到自己的 Alexa 排名，如可以查到当天、当周、当月的排名，这对数据分析师分析网站信息的工作能起到一定的作用。

2.2　Excel 处理的可视化数据

大数据时代，数据繁多杂乱，很多时候数据的数值难以直观展现。对此，运营者可以借助 Excel 对数据进行处理，将其制作成可视化的图表，让数据更加直观。

2.2.1　使用图表增加数据直观性

不少新手运营者都会产生为什么要使用图表以及该如何选择合适的图表形式这两个问题，下面为大家一一解答。

1. 用图表直观呈现数据

数据图表的好处，就是通过图形的方式呈现的数据比单纯的说明文字更加让人一目了然，它能对信息进行直观清晰展示，又不容易出现遗漏。另外，图表可以将数据隐藏的联系显示出来，提高数据的可信度，使分析更加严谨。具体来说，图表主要有 4 大作用，如图 2-26 所示。

通常来说，制作图表也需要一个过程，其具体步骤如下。

（1）搜集需要的数据，并对数据进行整理和分析。对数据进行整理的目的是为了了解数据背后的故事，得到更有效的数据，更方便"吃透"数据。

（2）选择适当的图表类型。

（3）在图表的基础上进行适当的美化，让它更好地传递信息。

（4）结合图表的数据以及实际案例,分析数据的对比关系以及数据变化趋势,以便运营者更好地做出推断。

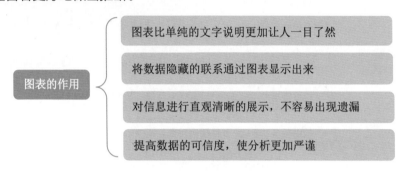

图 2-26　图表的作用

2. 选择合适的图表形式

图表的形式有很多种，运营者可以利用不同的图表类型呈现数据。图 2-27 所示为图表的类型及适用情况。

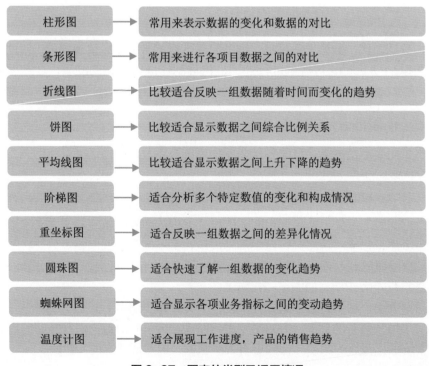

图 2-27　图表的类型及适用情况

2.2.2　将数据变为好看的图表

运营者在进行数据分析时，所接触的表格都是非常简单的。要想让分析之后的数据变得既美观又便于理解，还需要进行表格美化，将表格变成好看的图表。下面为大家介绍 3 种常见的美化表格的方式。

1. 借助色阶区分数据

数据平淡无奇地展示在人们的眼前，人们有时候不一定能一下子感受到数据与数据之间的"分布状态"。因此，我们还需要通过对数据进行分区分析，更好地展示数据之间的关系与区别。

为此，我们可以利用 Excel 中的"色阶"功能进行数据展示和优化，以便阅读者快速得出表格数据的分布规律。色阶是一种能帮助阅读者快速了解数据分布、变化的美化图解方式，通常分为"两种颜色的刻度"与"三种颜色的刻度"两种模式，运营者可以根据自己的需求改变颜色和颜色深浅度。

下面就以某店铺 2021 年的销量变化情况为例，用不同的颜色表示数据的大小，具体操作步骤如下。

步骤 01　打开数据表，选中需要设置色阶的单元格，单击工具面板中的"开始"→"条件格式"按钮，如图 2-28 所示。

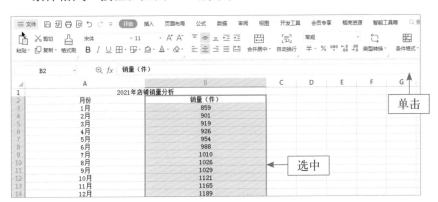

图 2-28　单击"条件格式"按钮

步骤 02　在下拉列表框中选择"色阶"→"其他规则"选项，如图 2-29 所示。

步骤 03　在弹出的"新建格式规则"对话框中，选择"基于各自值设置所有单元格的格式"选项，在"格式样式"下拉列表中选择"三色刻度"选项；设置"颜色"，单击"确定"按钮，如图 2-30 所示。

步骤 04　色阶设置完成，被选中单元格将显示不同的颜色，如图 2-31 所示。

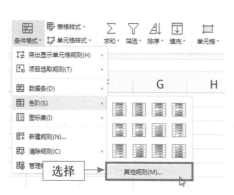

图 2-29 选择"其他规则"选项 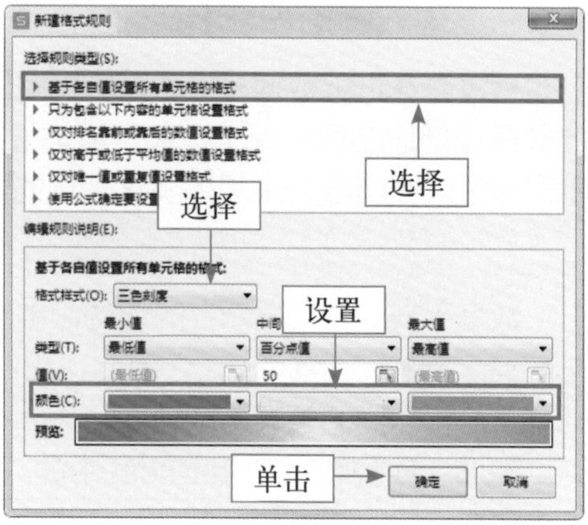　　　　图 2-30 "新建格式规则"对话框

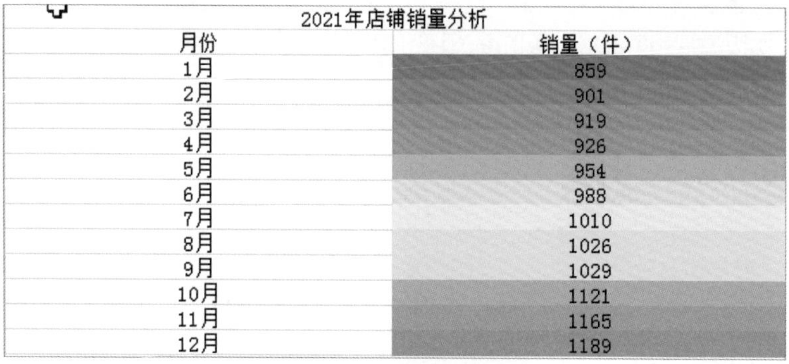

2021年店铺销量分析	
月份	销量（件）
1月	859
2月	901
3月	919
4月	926
5月	954
6月	988
7月	1010
8月	1026
9月	1029
10月	1121
11月	1165
12月	1189

图 2-31 色阶设置完成

从图中可以明显地看出，2021 年该店铺第一季度各月份的销量相对较低，第四季度各月份的销量相对较高。对此，店铺运营者可以对第一季度和第四季度的其他运营数据进行对比，分析销量变化的原因。

2. 用数据条展示数据

在 Excel 中，可以使用数据条功能直观显示数据的大小，帮助阅读者在茫茫数据中找出高数值或低数值，具体操作步骤如下。

步骤 01 打开数据表，选中需要设置数据条的单元格，单击工具面板中的"开始"→"条件格式"按钮，如图 2-32 所示。

步骤 02 在弹出的下拉列表框中选择"数据条"→"实心填充"→"红色数据条"选项，如图 2-33 所示。

步骤 03 数据条设置完成后，从红色数据条的长度便可以直观地看出数据之间的差异，如图 2-34 所示。

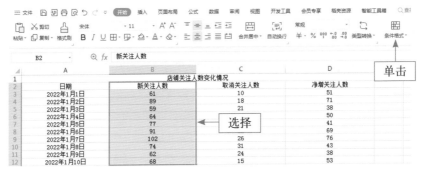

图 2-32　单击"条件格式"按钮

图 2-33　选择"红色数据条"选项

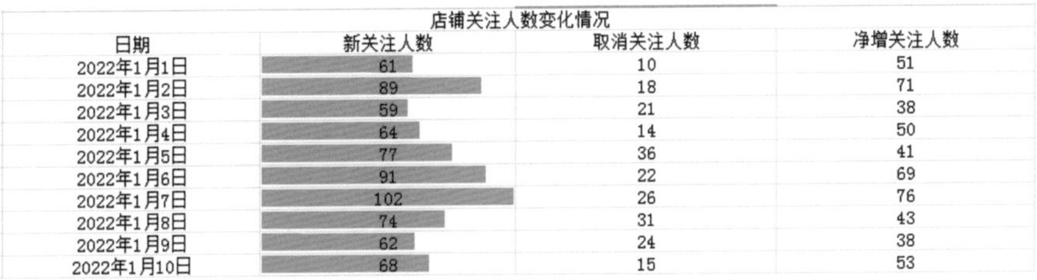

店铺关注人数变化情况			
日期	新关注人数	取消关注人数	净增关注人数
2022年1月1日	61	10	51
2022年1月2日	89	18	71
2022年1月3日	59	21	38
2022年1月4日	64	14	50
2022年1月5日	77	36	41
2022年1月6日	91	22	69
2022年1月7日	102	26	76
2022年1月8日	74	31	43
2022年1月9日	62	24	38
2022年1月10日	68	15	53

图 2-34　设置数据条

从图中可以看出，2022 年 1 月 7 日店铺的新关注人数较多。对此，店铺运营者可以分析这一天新关注人数增加的原因，为店铺运营积累成功的经验。

3. 用图标集评估数据

运营者还可以运用 Excel 中的"图标集"功能评估数据的数值，快速了解数据是否达到了目标。具体来说，可以通过如下步骤使用"图标集"功能评估数据是否达标。

步骤 01 打开数据表，选中需要设置图标集的单元格，单击工具面板中的"开始"→"条件格式"按钮，如图 2-35 所示。

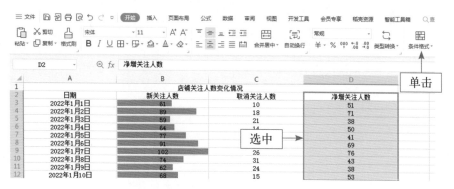

图 2-35 单击"条件格式"按钮

步骤 02 在弹出的下拉列表框中选择"图标集"→"其他规则"选项，如图 2-36 所示。

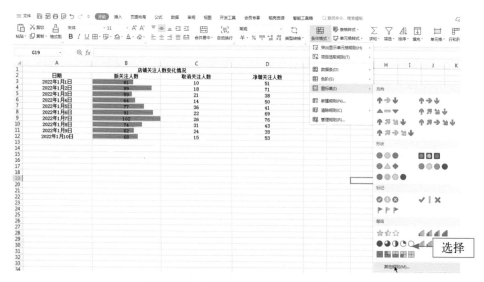

图 2-36 选择"其他规则"选项

步骤 03 根据需求，设置"新建格式规则"对话框中的相关信息，单击"确定"按钮，如图 2-37 所示。

步骤 04 操作完成，就可以看到表格中的图标集了，如图 2-38 所示。通过该图中的图标集，一眼就可以看出对应日期的数据是否达到目标。

图 2-37　"新建格式规则"对话框

店铺关注人数变化情况			
日期	新关注人数	取消关注人数	净增关注人数
2022年1月1日	61	10	51
2022年1月2日	89	18	71
2022年1月3日	59	21	38
2022年1月4日	64	14	50
2022年1月5日	77	36	41
2022年1月6日	91	22	69
2022年1月7日	102	26	76
2022年1月8日	74	31	43
2022年1月9日	62	24	38
2022年1月10日	68	15	53

图 2-38　查看图标集

专家提醒

图 2-38 中的 3 种图标可以说是被赋予了特定的意义，其中✔图标表示对应的数据达到了目标；❗图标表示对应的数据虽然没有达到目标，但尚可接受；而✘图标则表示数据的表现比较差，让人有些难以接受。

2.2.3　将数据转化为各种图形

枯燥乏味的数据会让阅读者看着很费劲，因此许多人开始将数据与相对应的图形进行结合，例如将数据转换成折线图、条形图、平均线图和饼状图等多种图形，给阅读者提供了快速理解和阅读数据的便利。下面，我们就来看看将数据转换成图形的方法。

1. 折线图

折线图又称"蛇形图",它常用于查看数据随时间变化的趋势。如图2-39所示为折线图的概念、作用与注意事项。

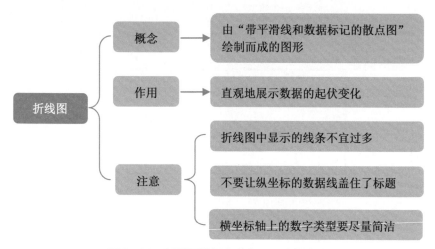

图2-39 折线图的概念、作用和注意事项

运营者可以通过折线图,清楚地看到数据在时间上的变化趋势。将数据转换成折线图,只需进行如下操作即可。

步骤 01 打开数据表,选中需要制作成折线图的单元格内容,单击工具面板中的"插入"→"全部图表"按钮,如图2-40所示。

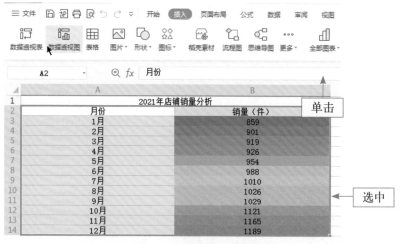

图2-40 单击"全部图表"按钮

步骤 (02) 在弹出的"图表"对话框中，选择折线图的样式 ；单击"插入预设图表"按钮，如图 2-41 所示。

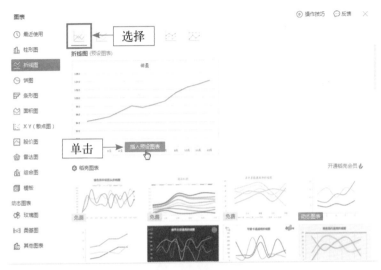

图 2-41　单击"插入预设图表"按钮

步骤 (03) 操作完成后，便可以看到对应数据的折线图雏形了。单击"图表标题"，输入标题内容，如"2021 年店铺销量分析图"，如图 2-42 所示。

图 2-42　输入折线图标题

步骤 (04) 单击折线图，右侧会出现一些按钮。单击 按钮，在弹出的列表框中勾选"数据标签"复选框，如图 2-43 所示。

步骤 (05) 操作完成后，原折线图上便会出现具体的数据，如图 2-44 所示，这样折线图便制作完成了。

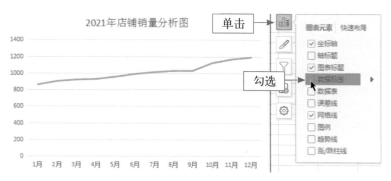

图 2-43　勾选"数据标签"复选框

图 2-44　有具体数据的折线图

2. 条形图

条形图常用于进行数据的对比，以便观察数据之间存在的差异性。运营者在制作条形图时，需要注意 3 点，如图 2-45 所示。

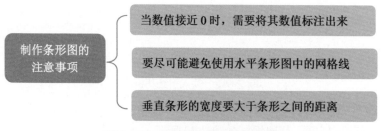

图 2-45　制作条形图的注意事项

下面就以某店铺 2021 年销量为例，为大家介绍制作条形图的具体步骤。

步骤 01 打开数据表，选择需要制作条形图的单元格内容，单击工具面板中的"插入"→"全部图表"按钮，如图 2-46 所示。

图 2-46　单击"全部图表"按钮

步骤 02　在弹出的"插入图表"对话框中，选择条形图的样式，单击"插入"按钮，如图 2-47 所示。

图 2-47　单击"插入"按钮

步骤 03　操作完成后，条形图的雏形便制作完成了。单击"图表标题"，输入"2021 年店铺销量分析图"，如图 2-48 所示。

步骤 04　单击条形图，右侧会出现一些按钮。单击 按钮，在弹出的列表框中，取消勾选"网格线"复选框，如图 2-49 所示。

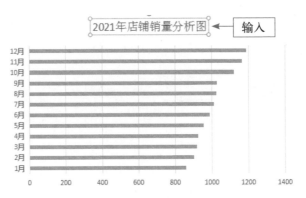

图 2-48　输入图表标题

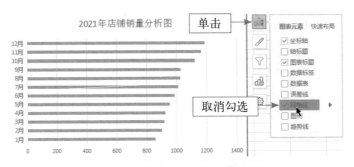

图 2-49　取消勾选"网络线"复选框

步骤 05　操作完成后，原图中的网格线消失，条形图制作完成，如图 2-50 所示。

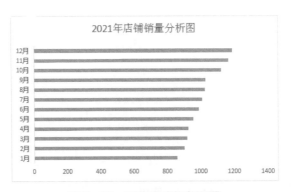

图 2-50　制作完成的条形图

3. 饼状图

运营者有时需要查看各个部分的占比情况，对此，可以借助 Excel 的饼图对各部分的数据进行直观的对比。

一般来说，在制作饼图时，需要注意以下事项。

（1）饼图数据之间的排序要具有逻辑关系。

（2）饼图上的数据要清楚地显示出来。

（3）图中不要出现负值和零值。

下面就以2021年电商零售平台市场份额为例，讲解饼图的制作步骤。

步骤01 在数据表中，选择需要制作成饼图的单元格，单击工具面板中的"插入"→"全部图表"按钮，如图2-51所示。

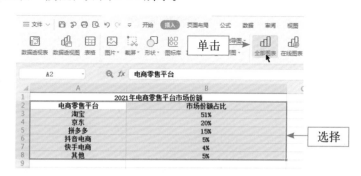

图2-51　单击"全部图表"按钮

步骤02 在弹出的"插入图表"对话框中，选择饼图的样式●，单击"插入"按钮，如图2-52所示。

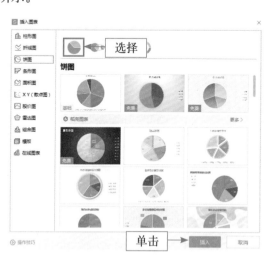

图2-52　单击"插入"按钮

步骤03 操作完成后，即可获得一个饼图。在饼图的"图表标题"中输入"2021年电商零售平台市场份额"，如图2-53所示。

步骤04 单击饼图，右侧会出现一些按钮。单击◧按钮，在弹出的列表框中勾选"数据标签"复选框，如图 2-54 所示。

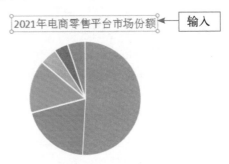

图 2-53 输入饼图标题

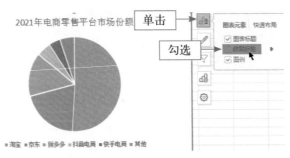

图 2-54 勾选"数据标签"复选框

步骤 05 操作完成后，饼图中便会显示各部分所占的百分比，如图 2-55 所示。

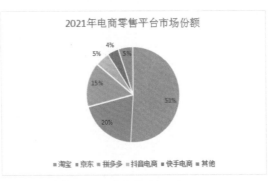

图 2-55 显示各部分所占的百分比

当然，不同的图形都有各自的优点，分析数据时，可以根据自身需求选择合适的图形。而且同样的数据有时候可以绘制成多种图形。对此，运营者可以对比图形的最终效果，选择效果更好的图形。

第 3 章

淘宝天猫：用数据做指引让品牌赢得客户口碑

商场如战场，当我们拥有数据分析这项武器之后，应该如何让它帮助我们在战场上运筹帷幄，决胜于千里之外呢？淘宝作为电商行业的领跑者，又该如何利用数据分析进行功能完善和进一步发展运营呢？

本章就与大家一起穿过战场的硝烟，看清淘宝和天猫电子商务店铺运营的真面目！

- 用数据来分析店铺运营
- 生意参谋数据分析工具
- 数据选品工具阿里指数
- 店铺的推广数据分析

3.1 用数据来分析店铺运营

数据分析是指用合适的统计方法对收集来的数据进行分析，将庞大的数据进行汇总，并做成可以被人们消化和理解的资料，从中提取有用的信息。数据分析常常以数量的形式展现，通过实验、观察和调查等方式获取结果。

在大数据时代，用户在网络上的任何一次点击都可以被完整地记录和保存，而商家则可以通过对这些数据进行高效分析，准确获取用户的消费行为和消费心理等极具价值的信息，并推送相应的产品或服务。

3.1.1 为什么做数据分析

如今是一个数据风暴时代，几乎每个企业都会关注数据的应用，如通过数据向消费者阐述产品优势、企业信誉，还可以通过数据分析发现问题、制定策略。

数据分析在产品的整个寿命周期、市场调研、售后服务以及最终处置的各个过程中都需要被适当地运用，这样能提升有效性。

对于运营者来说，要想更好地进行电商平台的运营，就必须学会借助数据分析了解店铺的运营情况，以寻找提升账号运营效果的突破口。做好电商数据分析有很多好处，例如可以提升用户黏性、更好地打造爆款内容、找准运营方向以及获得更多收益，如图 3-1 所示。

电商平台的运营有很多重要的环节。其中，提升用户黏性、打造爆款内容和找准运营方向都是为商业变现服务的。如果运营者没有优质的内容、一定数量的粉丝和合适的营销渠道，就算做再多的努力，可能也难以达到变现的目标。

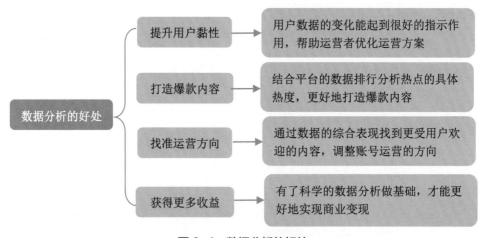

图 3-1 数据分析的好处

3.1.2 如何选择核心数据

电子商务的数据来源很多，数据也非常杂乱。在海量的数据中，选取实用的数据，如会员数据、营销数据、行业数据、交易与服务数据以及流量数据等，分析出来的结果才能作为电子商务公司的决策依据。

1. 会员数据

对于电子商务企业来说，所有注册用户都是会员，所以在这些会员里，存在大量的潜在用户。电子商务企业必须抓住会员的动态、特征、喜好等会员的用户画像，才能让企业了解自身产品的市场、挖掘新客户以及做出有效的营销策略，在市场竞争中占领先机。

用户的消费习惯，可以为分析电子商务公司提供的产品是否符合市场需求、分析产品忠实用户的特征以及制定产品推广策略提供参考信息。总地来说，分析会员数据具有以下作用。

- 可以帮助企业准确地找到目标消费群体。
- 促使产品研发更贴近消费者市场需求。
- 帮助企业判定消费者和潜在消费者的消费标准。
- 实现精准营销，减低营销成本，提高企业用户的质量和数量。
- 掌握客户需求的各种信息，以便制定有针对性的营销策略。
- 稳定与扩大产品的销售市场，巩固与提高产品的市场占有率。
- 培养客户忠诚度，留住每一位客户，以便带来更多后续的购买行为。
- 帮助企业结合最新信息制定新策略，以增强企业的环境适应能力。
- 借助会员数据，对目前销售产品的用户满意度和购买情况做分析调查，及时发现问题、解决问题，从而提高客户的忠诚度。
- 发展新的服务项目，促进企业发展，并促使购买过程简单化，提高客户重复购买的概率。

2. 营销数据

营销是让企业以满足消费者需求为出发点，准确定位自己的目标市场，生产出适销对路的产品，从而运用有效的营销策略开发市场、占领市场。所以，营销数据对于电子商务来说是非常重要的分析依据。营销数据包括 4 种数据信息。

（1）营销费用：电子商务企业通过分析关于营销费用的数据，可以了解费用的支出方向，知道哪些营销工作需要投入高费用，以及有针对性和及时地对目前营销投入费用进行分析和评价，为企业营销策略提供参考。

（2）覆盖用户数：营销活动所覆盖的用户数量，可以看出营销活动的推广力度，通过分析覆盖用户数，可以从侧面了解企业的营销策略是否合理、有效。

（3）到达用户数：到达用户数是指在一个统计周期内，到达营销广告着陆页面的独立用户数量，据此可判断哪种广告的推广力度比较好。

（4）打开或点击用户数：电子商务企业分析打开或点击用户数，可以了解目前企业的实际用户数量，也可以将这些数据放入企业介绍中，以提高企业推广产品和品牌的力度。

3. 行业数据

企业要想在整个行业中占据一席之地，就应该掌握行业动态，随时更新行业信息，做出与行业相契合的营销策略。

一般电子商务企业都会利用一些工具进行行业数据分析，如百度指数、数据魔方、百度统计等。通过这些数据分析工具，可以查询到一些有价值的信息。

4. 交易与服务数据

电子商务企业可以通过交易与服务数据的分析，直观地看出用户对企业产品和服务的满意度，以及企业产品的销售情况。对于没有自己交易平台的电子商务企业来说，必须建立一个数据库，专门用于储存交易和服务数据。

3.1.3　如何掌握核心指标

电子商务企业获得利润的过程是客户通过搜索、比价、评论、分享产生的信息，最终实现购买，这是一种"信息流"的表现，而传统零售企业，只需商品流动即可。

由此可知，电商所产生的数据是庞大的，其中数据指标具有多、杂、乱等特点，不方便数据分析师进行数据分析工作，找到有价值的数据信息。因此数据分析师在分析电商数据的时候，必须要掌握会员指标、流量指标以及营运指标。

1. 会员指标

电商中的会员指标属于会员数据，是会员数据中的细分支。在会员指标基础上分析出来的数据信息可以直观地展现在数据分析师的眼前，形成有价值的数据信息。会员指标中包含7种类别，分别是有价值的会员数、活跃会员数、会员活跃率、会员回购率、会员留存率、平均购买次数以及会员流失率。分析会员指标可以让企业进一步了解企业客户的得失率、会员的动态信息。

2. 流量指标

分析流量指标数据是所有电子商务企业分析数据时必不可少的一环。数据分析师进行流量指标的分析，从中可以得到企业的用户跳失率、浏览量、订单转化率、访客数、到达率、平均在线时间等数据。例如，订单转化率是指访客访问网站时，转化为网站的常驻用户，再提升为网站的消费用户而产生的消费率。

3. 营运指标

营运指标是指对电商企业的营运能力进行分析，是通过对企业资产营运效率与效益的指标进行计算与分析，从而评价企业的营运能力，为企业提高经济效益指明方向。其中电商营运指标包括 7 个部分，如图 3-2 所示。

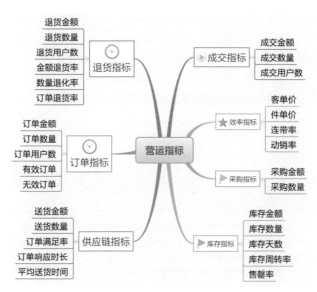

图 3-2　电商营运指标

3.1.4　如何掌握核心方法

由于电子商务与传统企业有一定的差别，如数据浩瀚、行业术语繁多等，所以下面介绍两个核心分析方法，它们主要由电子商务企业使用。

1. 二八法则

二八法则又称为帕累托法则、巴莱特定律、最省力的法则和不平衡原则，在分析电商数据时，被广泛使用。

其中"二"和"八"不是一个范畴。很多数据分析员在开始接触二八法则时，都会认为"二"和"八"是一个范畴中的对立面，如"20% 的食物好吃，80% 的食物不好吃"，其实这并不能诠释出二八法则的意义。

二八法则应该是一种不平衡的发展，"二"代表着对象，"八"代表着效果，前后是不一致的，却有着一定的联系：

● "人生中 20% 的时间，决定了 80% 的成就"，所以应该好好珍惜时间。

● "20% 的客户贡献了 80% 的利润"，其中 20% 的客户就是企业的重点客户。

数据分析师利用二八法则分析电商数据时，可以制作帕累托图（Pareto chart）。帕累托图又叫排列图或者主次图，是按照发生频率大小顺序绘制的直方图，表示有多少结果是由已确认类型或范畴的原因所造成的。

2. 排行榜分析

随着互联网的发展，电子商务相关数据随之增多，数据分析师不可能把所有的数据——进行分析，于是就出现了排行榜分析方法。

排行榜分析方法又分为单维度排行（只有一个变量）、多维度排行（有多个变量）。电商企业经常利用多维度排行中的直接相加法、加权求和法与多次排名法这3种分析方法，进行电商网站质量的评估。

专家提醒

  电商数据分析方法，除了二八法则、排行榜分析方法之外，还包括ABC分析法（核心思想是在决定一个事物好坏的众多因素中分清主次，识别出少数的对事物起决定作用的关键因素和多数的对事物影响较小的次要因素）、平均分析法等。

3.2 生意参谋数据分析工具

生意参谋是专业的一站式数据分析产品，它按照数据分析、问题诊断、优化提高等环环紧扣的逻辑设计，帮助用户分析曝光、点击和反馈等效果，有针对性地给出诊断结果，并提供解决方案，帮助提升店铺效果。

3.2.1 工具首页数据分析

生意参谋首页集中展示了一些非常重要的店铺数据，主要包括实时概况、整体看板、流量看板、转化看板、客单看板、评价看板、竞争情报、行业排行等几个板块，下面分别进行介绍。

（1）实时概况：最上方是实时直播、店铺概况以及实时访客榜等数据，可以让商家快速了解当天的支付金额、访客数、支付买家数、浏览量、支付子订单数以及近30天支付金额排行等店铺实时动态数据，如图3-3所示。

（2）整体看板：此处包括各种指标数据和动态对比图（与同行同层平均、同行同层优秀对比），让商家清楚自己的经营水平和不足的地方。

（3）流量看板：此处包括一级流量走向分析、二级流量来源分析、搜索词排行、跳失率、人均浏览量等数据，是商家了解流量来源的主要渠道，能知道访客是通过搜索哪些关键词进入店铺，可以优化没有引流的渠道和关键词。

图 3-3　实时概况板块

（4）转化看板：此处主要显示访客的收藏转化率、加购转化率和支付转化率等数据，并显示相关的商品排行榜。店铺要创收，就必须有转化，商家可以根据每款商品的转化情况来研究商品的经营价值。针对支付转化率高的商品，商家可以考虑是否打造爆款；针对访客收藏加购的商品，商家可以考虑进行二次营销，刺激买家下单购买。

（5）客单看板：此处包括买家构成的客单分布、支付件数分布、人均支付件数、连带率、搭配推荐等数据图表分析。客单数据报表也非常重要，因为商家在为自己的店铺进行定位时，需要匹配访客成交的单数、件数以及成交额，否则就需要进一步分析定位的准确性了。

（6）评价看板：需要开通"生意参谋单店版服务洞察"功能才能激活"评价看板"，在此处可以及时了解店铺的整体评价概况。

（7）竞争情报：此处主要包括流失金额、流失人数、引起本店流失店铺数以及流失竞店发现等数据图表分析。"竞争情报"板块可以帮商家找到精准的竞店群体，通过分析竞店群体调整自己店铺的运营策略，从而促进转化。

（8）行业排行：此处包括与商家主营类目相同的行业店铺、商品和搜索词排行。商家可以根据这些数据来选取一些好的关键词并运用到自己的店铺标题中。

3.2.2　实时直播数据分析

"实时直播"主要包括实时概况、实时来源、实时榜单、实时访客、实时催付宝等几个板块，下面对各功能模块分别进行介绍。

（1）实时概况：此处包括实时总览和实时趋势两个部分，可方便商家对比分析。实时总览显示访客数、浏览量、支付金额、支付子订单数、支付买家数等指标的相关数据和行业排名情况。实时趋势包括分时段趋势图和时段累计图两种形式，在此处可以查看所有终端的支付金额、访客数、支付买家数和支付子订单数，如图 3-4 所示。实时趋势图可以非常直观地显示数据波动情况，商家可以通过分析这些数据的波动情况来调整店铺的营销策略。

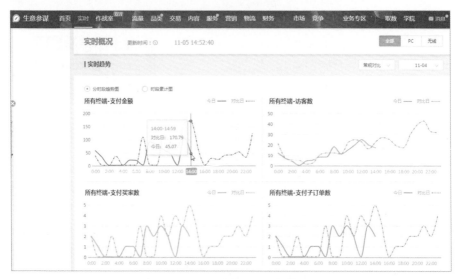

图 3-4 实时概况—实时趋势

（2）实时来源：在此可以查看访客是从哪些渠道进入店铺的，以便对客户进行分析，主要包括 PC 来源、无线来源和地域分布 3 个板块。

以无线端为例，单击"淘内免费"按钮，可以看到更加详细的访客来源，如图 3-5 所示。可以看到访客来源最多的渠道是手淘搜索，单击后面的"查看详情"按钮，即可看到所有使用手淘搜索入店的买家是通过搜索哪些关键词进店的，人数分别是多少。此时，商家即可针对这些关键词进行优化，吸引更多的人搜索进店，然后设置优惠券、赠品，引导他们下单成交，提升转化率。

（3）实时榜单：此处主要显示访客数 TOP50 和支付金额 TOP50 的商品榜。商家可以非常直观地找到流量款，然后关注这些商品的流量、转化及库存的变化。同时，商家还需要关注其他高转化率的商品和评论，如果评论没有问题，则可以进行重点推广，因为这些高转化率的商品有流量爆发的基础。

（4）实时访客：商家可以设置访客类型、流量来源和访问页面等条件，搜索相应的访客数据，帮助分析顾客的浏览习惯、流量来源、访客特征等。

无线端来源分布		
来源	访客数占比	访客数
☑ 付费流量	60.77%	110
☑ 淘内免费	24.86%	45
* 手淘搜索	14.92%	27 查看详情
* 淘内免费其他	4.97%	9 查看详情
* 淘客搜索	3.31%	6 查看详情
* WAP天猫	1.10%	2 查看详情
手淘其他店铺	1.10%	2
手淘问大家	1.10%	2
手淘旺信	0.55%	1
手淘微淘	0.55%	1
☑ 自主访问	14.36%	26

更新时间： 11-05 15:06:39

图 3-5 无线端的"淘内免费"访客来源

（5）实时催付宝：这个功能非常重要，因为买家必须满足 3 个非常苛刻的条件，所以催付的成功率非常高。特别是在大促活动期间，商家还需要安排人员专门关注这块数据，做好此处的催付，从而提高销量额及转化率。

3.2.3 数据作战室分析

"数据作战室"就是之前的实时大屏，现在已经变成了付费功能，建议大商家购买使用，如图 3-6 所示。

图 3-6 "数据作战室"页面

"数据作战室"可以通过核心数据大屏监控，助力商家全局指挥，实现数据化的企业品牌宣传。"数据作战室"的核心功能包括大屏数字化传播、历史活动沉淀分析、活动效果实时追踪以及竞争异动深度洞察。

在大促活动期间，不仅企业可以将"数据作战室"的画面转投到电视机或大屏幕上，实时显示数据的增长变化，更好地激励团队。同时，个人商家也能拥有属于自己的数据大屏，那就是订购"数据作战室"服务。

3.2.4　流量纵横分析工具

流量纵横分析工具包括流量概况、来源分析、动线分析和消费者分析4大功能，如图3-7所示。它是一个实用的工具，可以帮助商家全方位地解析产品的流量组成。

图 3-7　流量纵横页面

1．流量概况

流量概况包括流量看板、计划监控和访客分析3个模块。

（1）流量看板：商家可以通过该模块对实时数据进行监控，及时掌握店铺访客、转化和客单价的动态变化，根据各方面的数据变化找出店铺问题，并根据问题来快速做出调整。

（2）计划监控：此模块可以监控店铺的年度计划，了解各方面的完成进度和整体的目标完成情况。如果商家还没制订年度计划，可以单击"快速创建"链接来创建计划。

（3）访客分析：此模块可以查看访客分布和访客对比等数据。通过访客分析，商家可以找准访客高峰时段，并在此时段果断上新。

2．来源分析

来源分析包括店铺来源、商品来源、媒介监控以及选词助手4个模块。

（1）店铺来源：它能帮助商家更直观地了解整体店铺流量，进行数据走势对比，监控店铺主要流量渠道的实时趋势和差距，同时关注和优化重点流量渠道。

（2）商品来源：在此可直观查看各商品不同流量来源的访客数（占比）情况。

（3）媒介监控：它能监控淘宝站外媒介的推广效果，如今日头条、微博和优酷等，支持全年营销 ROI 监控、15 天转化周期、商品粒度成交分析、淘外媒介人群画像分析等功能。

（4）选词助手：此处包括引流搜索词和行业相关搜索词两个部分，商家可以查看这些关键词的引流效果和转化效果，还可以通过全网的搜索热度对比来判断这个关键词是否为热词、竞争是否过热等，从而调整付费流量的投入。

3. 动线分析

动线分析包括店内路径、流量去向、页面分析以及页面配置 4 个模块。

（1）店内路径：它能帮助商家调整页面装修和促销活动，抓住买家的浏览习惯，提高转化和浏览深度。

（2）流量去向：它包括"买家离开页面排行"和"离开页面去向排行"两个数据，可以帮助商家找到店铺各个页面的流失流量去向。

（3）页面分析：商家可以查看相关页面的分布明细、数据趋势和引导详情，设置与流量和转化相关的筛选条件，查看手机淘宝店铺首页和商品详情页的相关数据，更清晰地了解各个页面的流量和转化情况。

（4）页面配置：商家可以在此处添加定制商品详情页、自定义页和承接页的流量分析，带来更好的数据分析体验。

4. 消费者分析

消费者分析包括会员上传和人群报告两个模块，消费者报告可以进行 CRM（客户关系管理）人群融合跟踪监测（人群效果数据、人群画像等），消费者融合则支持 CRM 人群上传功能。消费者分析是收费功能，商家需要在专业版上使用。生意参谋专业版可以通过补全全媒介、全链路的消费者流量数据，结合渠道消费者画像，帮助商家多维度分析渠道效果，建立以消费者为驱动的流量运营体系。

3.2.5 品类罗盘分析工具

"品类罗盘"替代了之前的商品功能模块，包括"驾驶舱"、商品洞察、品类洞察、定制分析和配置中心 5 大功能，同时数据方面的维度更多，提供的决策依据更科学，如图 3-8 所示。

图3-8　"品类罗盘"页面

1. "驾驶舱"

"驾驶舱"包括实时播报和宏观监控两个板块。

（1）实时播报：此处包括实时监控、实时预警、实时商品榜、关注的商品等功能，商家能够针对一天中的实时情况及时进行产品的调整。

（2）宏观监控：此处包括本周销售、本月销售、全年销售等店铺商品的整体表现，以及核心指标监控和全量商品排行等趋势发展情况数据分析功能，帮助商家从大量的产品当中快速寻找潜力产品。

2. 商品洞察

商品洞察即原"商品效果＋异常商品"的功能结合，可以帮助商家多维度全景洞察店铺商品的经营情况。

（1）异常预警：此处支持流量、转化、销量、差评、退款、缺货、滞销等异常数据的分析，帮助商家及时发现店内的异常波动。

（2）商品360：此处支持商品搜索、销售—实时数据、销售—离线数据、价格（价格弹性、市场价格带）、库存（缺货量、滞销量、库存修改）、流量（标题优化、热搜词）等相关功能。

（3）商品诊断：此处包括价值评估和竞争力评估两大功能，通过对商品评分与金额、价格与销量、访客与销量这三组指标的长周期监控分析，给出商品结构建议引导；通过智能诊断模型形成商品雷达评分图，清晰直观地展示商品核心指标的具体影响，并通过评分具体维度构成，帮助商家快速锁定具体问题。

（4）新品追踪：此处目前仅支持天猫商家，包括新品全年复盘、新品360分析（销售、流量、客群）等功能。

3. 品类洞察

品类洞察是一个新增板块，通过品类的深度挖掘分析，帮助商家洞察更多品类机会，其主要模块如下。

（1）品类 360：此处支持品类搜索、品类 360—标准类目（销售、价格带、属性、流量、客群等数据分析）、品类 360—导购类目（销售数据分析）等功能。

（2）品类诊断：此处支持价值评估功能，帮助商家诊断店铺主营品类的价值，挖掘品类的增长机会。

（3）货源发现：此处支持供应链诊断和优质工厂推荐功能，全面展示店铺各热销类目的品质退款率和支付到发货的供货时长能力数据，并能够根据同行对比筛选出商家需要做供应链优化的类目。

4. 定制分析

定制分析也是"品类罗盘"中的一个新增板块，商家可以通过自定义设置来玩转个性化的品类分析，主要功能如下。

（1）区间分析：此处支持价格带、支付金额、支付件数等分析功能。

（2）标签分析：此处支持聚类分析（在相似的基础上收集数据来分类）功能。

5. 配置中心

配置中心只有一个配置计划模块，主要包括目标配置和标签配置功能，为商家提供场景化、定制化的智能品类分析方案。

3.2.6　店铺交易分析工具

交易分析包括交易概况、交易构成和交易明细 3 个板块，可以从店铺整体到不同粒度细分店铺交易情况，帮助商家及时掌控店铺交易问题，并提供资金回流行动点。

（1）交易概况：此处包括交易构成和交易趋势分析两个功能。交易概况可以描述店铺在指定时间里所产生的销售额和相关指标的实际情况，以及从访客下单到支付的交易漏斗，让商家能更清晰地了解店铺转化情况；并且提供店铺趋势图和同行对比趋势图，有助于商家快速了解店铺的实力，如图 3-9 所示

（2）交易构成：此处包括终端构成、类目构成、品牌构成、价格带构成、资金回流构成等数据分析功能，可分析店铺交易情况，同时还提供资金回流行动点，促进店铺资金回流。

（3）交易明细：此处显示店铺的交易明细数据诊断结果，商家还可以配置运费模板，完善运费计算方式，了解运费成本情况。

图3-9　交易概况

3.2.7　店铺内容分析工具

"内容分析"是生意参谋的新增功能，包括内容概况、粉丝关系、自制内容和合作达人4个板块，可以帮助商家通过数据分析来提升内容营销的效率。商家可以通过该工具查看不同类型的内容，如图文、直播和视频等对应的浏览数据、交易数据和转化数据。

1. 内容概况

内容概况包括整体概况、渠道分析、商品分析、单条分析4个部分。

（1）整体概况：此处显示店铺一段时间内的整体概况，包括粉丝资产、浏览互动和引导成交的相关数据，如图3-10所示。

图3-10　整体概况

（2）渠道分析：此处包括各个内容渠道的浏览次数、浏览人数、互动次数以及相关操作，其中渠道主要包括微淘、淘宝头条、有好货、必买清单、爱逛街、淘宝直播等，让商家清楚各渠道的引流效果。

（3）商品分析：此处显示商品在不同内容渠道上的推广详情，帮助商家找到更适合内容营销的商品，然后再有针对性地调整推广策略。

（4）单条分析：商家可以查看图文、短视频和直播等内容的阅读转化情况，挖掘出转化率最高的内容，以便更好地分析买家偏好，调整内容策略。

2. 粉丝关系

粉丝关系主要包括读者分析和粉丝分析两个部分。

（1）读者分析：此处统计内容读者的关键数据、基础特征（性别占比、年龄分布）、地域分布等数据，帮助商家洞察用户行为，更好地挖掘内容生态价值。

（2）粉丝分析：此处支持粉丝关键数据（可在图表上叠加显示）、粉丝对比、基础特征、地域分布等数据分析功能，帮助商家精准解剖粉丝画像。

3. 自制内容

自制内容包括整体概况、商品分析和单条分析 3 个部分。这里主要是针对商家自制内容的浏览互动、引导成交、商品排行和单条内容等进行数据分析，商家可以通过查看自制内容的浏览情况和加购收藏等情况，判断自制内容的阅读情况和转化效果，从而调整运营策略。

4. 合作达人

合作达人包括 V 任务效果、达人榜单与单条分析 3 个部分，可监控合作达人的整体概况，以及不同任务的浏览互动转化情况、带来的增粉掉粉情况和主要曝光渠道。

3.3　数据选品工具阿里指数

阿里指数是阿里巴巴基于大数据研究的社会化数据展示平台，提供区域和行业角度的指数化数据分析、数字新闻说明以及社会热点专题发现。阿里指数包括区域指数和行业指数两部分，下面分别介绍使用这些功能的选品技巧。

3.3.1　区域指数分析选款

区域指数显示的是不同地区的贸易往来、热门类目、搜索词排行、买家概况以及卖家概况等数据，可以帮助商家从地区角度了解贸易动向、市场态度、人群特征，发现区域动态，获悉经营产品在特定地区的发展态势。

（1）贸易往来：此处可以查看相应省份与全国各省间的交易情况。

（2）热门类目：此处可以查看该区域热门交易的二级类目，"热买"地区即说明该地域买家热衷购买类目的交易主要来自该地区，"热卖"地区即说明该区域商家热门销售类目的交易主要来自该地区。

（3）搜索词排行：此处商家可以通过搜索词排行找到相应地区的热门关键词搜索榜和涨幅榜，从中找到与自己店铺相关的产品热词，如图 3-11 所示。

图 3-11　区域搜索词排行数据分析

（4）买家概况：此处分析指定地区的买家数据，包括性别占比、年龄阶段占比、爱好（喜好度）、淘宝会员等级占比、终端偏好占比等，可以帮助商家刻画该区域的用户画像，如图 3-12 所示。

（5）卖家概况：此处通过主营行业占比（根据商家经营商品所属二级类目计算）和经营阶段占比等数据，分析该地区的淘宝天猫商家和经营类目情况。

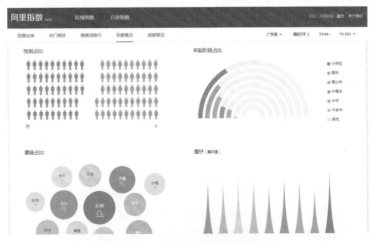

图 3-12　区域买家概况数据分析

3.3.2　行业指数分析选款

通过行业指数，商家可以了解一个行业的现状，从行业角度定位产业带、消费热点、人群特征，知晓该行业的商家及买家群体概况，发现热门商品。行业指数包括各行业的搜索词排行、热门地区、买家概况、卖家概况等数据情况。

以搜索词排行为例，设置行业类目和时间范围后，即可查看该行业关键词搜索榜和涨幅榜数据，如图 3-13 所示。

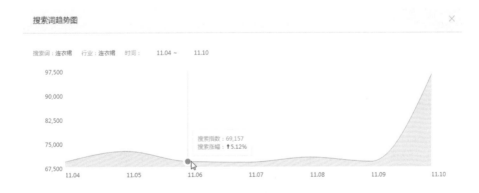

图 3-13　行业搜索词排行数据分析

在相应搜索词右侧的操作区中，单击趋势图图标，即可查看该搜索词近期的搜索指数趋势图，如图 3-14 所示。

图 3-14　搜索词趋势图

专家提醒

在打造爆款之前，商家可以通过阿里指数工具查看后台数据，以过去一个星期或者一个月的行业类目搜索数据作为选择爆款的重要参考数据，同时分析店铺内商品的浏览量和成交情况，筛选可推广的潜力商品。

3.4 店铺的推广数据分析

电商店铺的数据分析相当重要，通过数据我们可以找到出问题的原因，找到具体的问题答案。所以说，电商真正玩的是数据，本节将从历史数据、实时数据和预测数据3个角度，介绍通过数据分析提升店铺推广效果的方法和技巧。

3.4.1 历史数据分析

历史数据的查看和分析是店铺推广的重要基础，以钻展投放为例，商家进入钻展后台的"报表"页面，在左侧可以看到整个历史数据大概分成5个板块，如图3-15所示。

图3-15 "报表"页面

例如，选择"全店推广报表"选项进入其页面，数据的选择方式分成两种方式，一个是通过默认选项来进行数据的查看，也可以根据商家的个人习惯来单独筛选数据指标进行查看。单击数据查看的设置按钮 ⚙️，弹出"选择数据字段"对话框，可以看到后台数据设置的相关指标，如图3-16所示。

图 3-16　选择数据字段

这里包括了很多要查看的历史数据指标，商家可以根据自己的习惯去设置和参考。当设置完成后，在整个报表的最下方，可以看到一个历史数据窗口，其中包括计划、单元、定向、资源位和创意 5 个选项，如图 3-17 所示。

图 3-17　历史数据窗口

（1）计划：如果商家在钻展后台投放了超过一个以上的计划，那么此处就会将每一个计划的详细数据都罗列出来，供商家进行对比和参考。

（2）单元：如果商家在相同计划中创建了不同的投放单元，也可以在此次对比其消耗、成交和衍生数据等。

（3）定向：可以分别针对每个定向人群的特点，着重考虑展现量、收藏宝贝量、添加构成量等指标，通过这些数据来进行不同人群的出价调整和创意优化。

（4）资源位：建议一个单元并针对一个资源位去测试或投放，这样得出的数据会更精确一些；如果要进行多资源位置的投放，可以在同一个计划或不同计划当中建立多个不同的单元。

（5）创意：可以针对同一个计划、同一个单元、同一个宝贝当中的不同创意的投放数据进行分析，帮助商家在最短的时间内找到消费者能够接受的图片，判断依据主要是点击率指标。在初期进行创意历史数据分析时，建议以天作为单位来分析点击率数据，如果能够在一周内都保持好的数据，说明该创意是可行的。

3.4.2　实时数据分析

如今，淘宝的流量竞争非常激烈，如何拓展店铺和宝贝的流量是一件非常迫切的事情。通过对实时数据和类目特征的分析，商家能够轻松制定全店引流计划，找到适合自己店铺的流量"蓝海"。

店铺引流计划的重点在于使用店铺型定向对店铺进行人群圈选投放。以钻展投放为例，在钻展后台新建计划时，选择展示广告中的"全店推广"营销目标，设置完计划的基本参数和信息后，在设置单元页面中选择"店铺型定向"选项。店铺型定向其实是整合简化了访客定向和营销场景定向的功能，定向的原理是根据买家的消费行为结合时间周期等因素，由系统自动匹配出偏好度相同的人群集合，如图 3-18 所示。

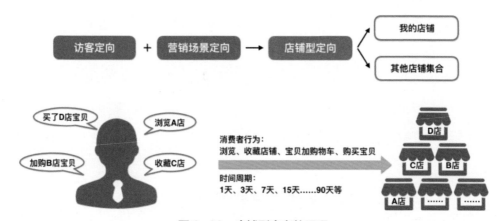

图 3-18　店铺型定向的原理

了解了店铺型定向的原理后，在实际操作过程中，需要注意下面 3 个关键点。

（1）产品：店铺的产品品类、价位区间的不同，会导致店铺型定向的投放思路不同。

（2）行为：消费者在浏览你的店铺或竞争对手的店铺时的浏览行为。

（3）时间点：消费者是什么时间进入店铺中的。

从人群引流角度来看，店铺型定向有以下两种思路。

（1）其他店铺集合：基于主营类目、成交规模、客单价范围以及人群优选逻辑 4 个设置来获取店铺集合，系统会推荐 4 个"人群包"，分别为宝贝同质店铺、买家人群同质店铺、浏览交叉店铺和购买流失店铺，商家可以主动出击去从这些竞争对手和类似店铺中抢夺流量，如图 3-19 所示。

图 3-19　店铺型定向的设置页面

（2）我的店铺：此处包括店铺优质人群（由系统自动匹配，适合流量基数的小商家）和店铺细分人群两个选项，其中店铺细分人群又可以分为 4 类，如图 3-20 所示。商家可以针对自己店铺的老客户人群特点进行设置，来唤醒和激活老客户。

图 3-20　"我的店铺"设置页面

3.4.3　预测数据分析

经常有商家抱怨店铺推广效果不好，其原因通常是方法不对。通过预测数据的分析方法，可以帮助商家更好地设置出价和做预算，让店铺实现更好的推广效果。

以钻展投放为例，钻展的日常投放，初期大部分还是以引领为主，下面推荐两种简单易用的投放方案供大家参考。

1. 日常方案（一）

日常方案（一）的相关要点和设置方法如下。

（1）目标客户：未触达客户、与店铺毫无关系的潜在客户以及店铺的潜客。

（2）推广场景：店铺整体流量不够，希望日常引流，为店铺引入新客户。

（3）推广目标：店铺拉新，促进潜客转化，提升成交量。

（4）考核指标：点击量、点击成本、收藏量、加购量等。

（5）营销参数：在创建钻展计划时，选择"日常销售"营销场景，目标人群设置为"广泛未触达用户""精准未触达用户"和"触达用户"，生成方案设置为"系统托管"。

（6）出价方式：按展现付费CPM（千人成本）模式。

（7）日预算：最低300元。

（8）定向、资源位、出价：系统自动选择定向人群、资源位、出价，全程自动优化。

（9）创意：根据系统推荐资源位的要求制作相应尺寸的创意，并审核为一级；推广链接到首页或者自定义页面（淘积木、创意模板），代入使用场景，突出品牌、产品，如图3-21所示。

图3-21　创意设置示例

（10）数据反馈：观察该方案的收藏、加购和点击率的变化，判断转化效果和投资回报率，如图3-22所示。由于该方案整体采用系统托管的方式，比较明显的特点就是点击单价相对较高，系统控制溢价的能力更强。

图3-22　方案（一）的数据反馈分析

2．日常方案（二）

日常方案（二）的不同之处如下。

（1）营销参数：营销场景设置为"自定义"，目标人群选择"精准未触达用户""触达用户"和"认知用户"，营销目标选择"促进进店"，生成方案设置为"自定义"。

（2）出价方式：按点击付费 CPC（每次点击费用）模式。

（3）日预算：最低 30 元，建议为 100 元以上，避免因流量太少对店铺没有帮助。

（4）定向人群：访客定向（竞品店铺、自己店铺）、营销场景定向（核心、兴趣、触达）和智能定向。

（5）资源位：预算较少时优先选择站内资源位，预算充足时可以选择站外资源位，下面推荐一些较好的资源位。

- 站内资源位：无线—手淘 App 流量包—手淘焦点图（640×200，一级）；PC—流量包—网上购物—淘宝首页焦点图（520×280，一级）。
- 站外资源位：无线—流量包—门户—App—今日头条—feeds 流；无线—流量包—门户— App—火山小视频—信息流。

（6）出价：初始按系统推荐，上下浮动 20%。

（7）数据反馈：该方案的数据特点同样是有较好的收藏、加购和点击率，也能够带来一定的投资回报率，而且可以自己选择人群定向和投放位置，相对来说灵活度更大，点击单价也更偏低一些。

第 4 章

京东：从海量电商数据中挖掘价值如此简单

在大数据时代，繁杂的数据浩如烟海。京东作为国内知名的电商平台，多年来在高速发展的同时，也积累了海量的真实数据。如何在这些历史数据中找出规律，将大数据应用到精准营销中去？

本章将帮助运营者利用数据分析工具找到答案，解决客户的实际问题、提高客户的购物体验。

- 京东数据分析的重要意义
- 京东商智数据分析工具

4.1 京东数据分析的重要意义

在大数据时代，京东商家只有通过数据分析深入了解用户，更好地理解消费者的偏好甚至预测消费行为，才能实现精准决策。

4.1.1 为什么要做数据分析

首先需要了解商家和企业为什么要做数据分析，做数据分析对店铺地推广和运营有什么帮助，其原因和帮助如图 4-1 所示。

图 4-1 做数据分析的原因和帮助

另外，京东商家必须清楚这个公式：

利润＝销售额－成本＝流量 × 转化率 × 客单价－成本

通过京东商智的数据分析，可以达到"知己知彼"的目的，从而实现利润提升，如图 4-2 所示。

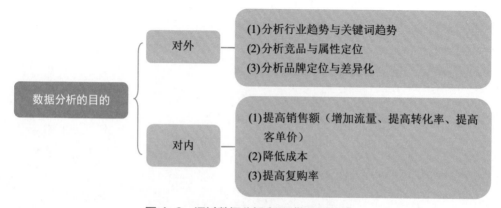

图 4-2 通过数据分析实现"知己知彼"

4.1.2 市场定位分析

市场定位是指商家及产品在目标市场上所处的位置，在京东店铺运营中，市场定位的主要工作如图 4-3 所示。

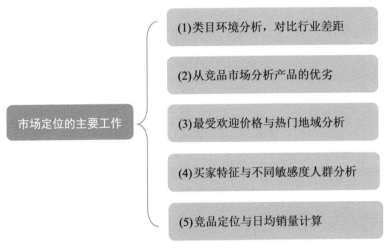

图 4-3 市场定位的主要工作

1. 类目环境分析

此处，以精品男包为例，介绍类目环境分析的具体思路。在京东主页，找到并选择"女鞋 / 箱包 / 钟表 / 珠宝"中的"精品男包"二级类目。进入"精品男包"页面后，可以看到整个二级类目的大环境，比如正在做哪些类目活动，类目中各子行业的市场情况等。

然后，通过京东商智来分析功能箱包的类目。在"市场行情"页面的"行业实时"列表框中选择"功能箱包"，即可查看热销商家榜单以及他们的交易指数情况，如图 4-4 所示。

进入"行业大盘"查看"精品男包"近一年的行业大盘走势，可以发现整个类目全年无明显淡旺季，6 月份、11 月份是高峰，1 月份是低谷，如图 4-5 所示。

然后分析"精品男包"类目下不同子行业之间年度、月份各维度的对比，如图 4-6 所示。行业对比功能可以将店铺所在二级类目及该二级类目下所有三级类目之间两两进行对比，发现各子行业之间的差距。

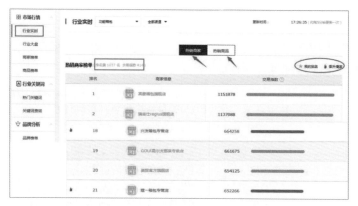

图 4-4 "热销商家榜单"页面

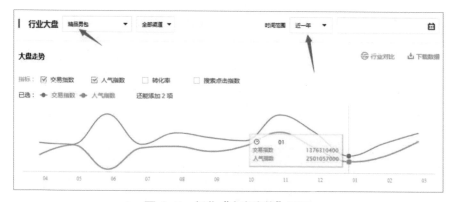

图 4-5 行业"大盘走势"页面

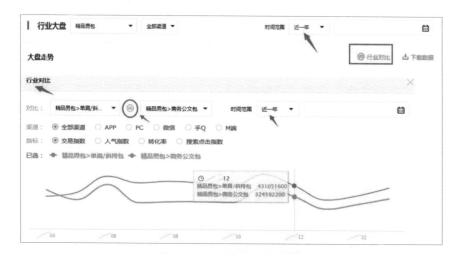

图 4-6 "行业对比"页面

2. 竞品市场分析

除了对整体的类目大环境进行分析来做市场定位外，也可以从竞品市场来分析产品的优劣。影响京东店铺排名的权重主要有两大维度：交易指数和人气指数，如图 4-7 所示。

图 4-7　"交易 TOP 榜单"页面

商家可以通过分析竞品市场的"交易飙升榜单"和"人气飙升榜单"（它们分别是按照品牌交易增幅和人气增幅进行排名）来观察行业 TOP 品牌的情况。

另外，商家也可以使用品牌分析功能选定想分析的品牌，品牌选择框默认展示所选行业交易指数排名前 10 的品牌，通过下拉列表中的搜索框可以搜索到目标品牌，选定它即可看到其相关数据。

3. 价格、地域分析

例如，在京东搜索"黑枸杞"这个关键词，然后在价位框中可以查看不同的销售价格区间以及最受消费者欢迎的价格区间。对于不同层次的消费群体来说，价格可能是区分商品最好用的一个维度。

在京东商智"关键词查询"页面中搜索"黑枸杞"，下面的价格分布模块中显示点击分布和成交分布两种方式。根据关键词价格分布，可以找到最优价格区间，这对商品的定价及用户心理价格承受能力的判断有一定的指导意义，如图 4-8 所示。

关键词查询
APP
昨天
搜索
分布方式
类目分布
属性分布
价格分布
按点击分布
按成交分布
100%
50%
0%
0-9
60-99

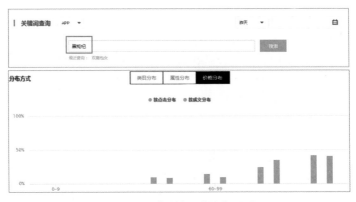

图 4-8　“关键词查询”页面

接下来选择“客户分析”中的“潜在客户分析”模块，在地区模块中可以查找成交人数占比最高的区域，如图 4-9 所示。当我们在做线上定向推广时，可以针对这些热门地区进行重点广告宣传。

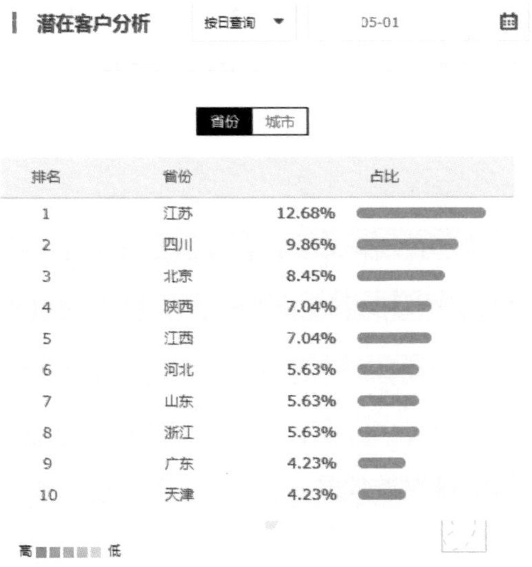

潜在客户分析
按日查询
05-01
省份
城市
排名
省份
占比
1
江苏
12.68%
2
四川
9.86%
3
北京
8.45%
4
陕西
7.04%
5
江西
7.04%
6
河北
5.63%
7
山东
5.63%
8
浙江
5.63%
9
广东
4.23%
10
天津
4.23%
高
低

图 4-9　“潜在客户分析”页面

4．买家与人群分析

了解客户是商家需要做的第一件事，这对店铺整体运营有着至关重要的影响。如图 4-10 所示为潜在客户分析中的年龄分析，可以看到店铺潜在客户人群的年龄层次分布，年龄层次分别为 16 ~ 25 岁、26 ~ 35 岁、36 ~ 45 岁、46 ~ 55 岁、56 岁以上。

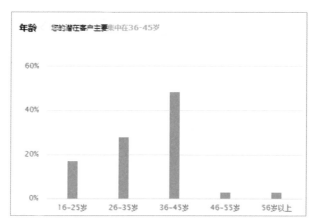

图 4-10　潜在客户"年龄"页面

如图 4-11 所示为下单客户分析中的"评论敏感度"页面。根据客户历史订单的优惠订单占比、每单优惠金额占比、优惠金额这 3 个因素，系统通过机器学习，将其分为极度敏感、高度敏感、轻度敏感、不敏感等。之后商家在按揽客计划创建营销活动时，可以根据营销目的选择不同的促销敏感度人群，方便更精准、更精细化地进行运营。

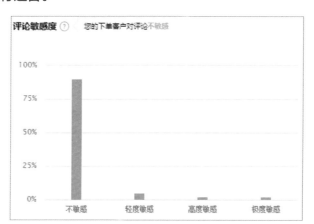

图 4-11　"评论敏感度"页面

5. 竞品日单量分析

我们如何预估竞品的日均销量呢？竞品日销量分析主要包括竞品定位和日均销量计算两个方面，有以下两种方法。

（1）方法一：首先分析品牌详情，即竞品在各个端口的转化率和对应的访客数（如图 4-12 所示），从而计算出各端口的每天单量和全部渠道的每天总单量。

计算公式：竞品的日均单量＝各个端口的访客数（单项渠道访客数／所占比例）× 各端口对应的转化率 ÷7 天，最后再相加。

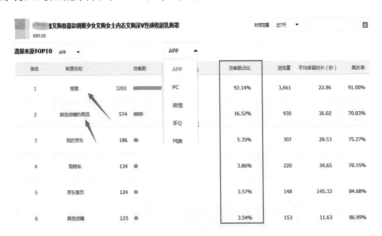

图 4-12　品牌详情

（2）方法二：分析竞品在各个端口的转化率和主推关键词(相关词)的访客数。计算公式：同一关键词竞品日单量＝＆各个端口下近 7 天关键词的访客数总和 × 各端口对应转化率 ÷7 天，得出各端口下主推关键词日均单量，最后再相加。

4.1.3　产品定位

产品定位与市场定位绝不是同一个概念，它们有本质的区别，如图 4-13 所示。

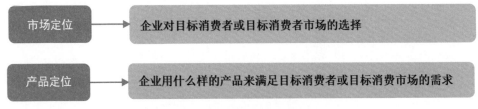

图 4-13　产品定位与市场定位的区别

通常来说，应该先进行市场定位，然后才进行产品定位。产品定位是目标市场与企业产品相结合的过程，也是将市场定位企业化、产品化的工作。对于京东的商家来说，产品定位主要包括三级类目分析和产品属性定位两个方面。

1. 三级类目分析

三级类目分析与前面的类目环境分析类似，以"精品男包 单肩 / 斜挎包"为例，在二级类目"精品男包"中找到三级类目"单肩 / 斜挎包"。

选择"单肩/斜挎包"进入三级类目详情页面后，左边一列即是产品的各种属性，如材质、分类、价格、风格、形状、颜色、适用人群、开袋方式、内部结构等，如图 4-14 所示。

图 4-14　三级类目详情页面

进入京东商智后台的"属性分析"页面，在"属性概况"列表框中选择"精品男包 > 单肩/斜挎包"，然后在"选择属性"列表框中选择相应的选项（包括主体属性和扩展属性两类）进行属性分析，从而找出热卖商品的属性，如图 4-15 所示。

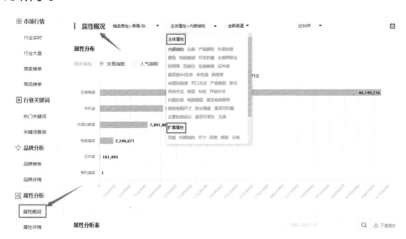

图 4-15　"属性概况"页面

2. 产品属性定位

如图 4-16 所示，为"单肩/斜挎包"类目的各个属性分析表，包括属性名称、交易指数、人气指数、店铺数量、商品数量、店铺排名、商品排名等。单击右上角的"下载"按钮，可以下载产品的属性分析数据。

序号	行业名称	属性名称	交易指数	人气指数	店铺数量	商品数量
1	精品男包-单肩/斜挎包	拉链袋	46140216	193751688	1716	47853
2	精品男包-单肩/斜挎包	手机袋	10374171	58010403	1121	12757
3	精品男包-单肩/斜挎包	夹层拉链袋	7891804	28533520	1055	6332
4	精品男包-单肩/斜挎包	电脑插袋	2246671	12409790	834	11452
5	精品男包-单肩/斜挎包	证件袋	161493	956591	656	10134
6	精品男包-单肩/斜挎包	相机插袋	1	1	133	771

图 4-16 "单肩／斜挎包"类目内部结构属性的数据下载

属性数据下载之后，可通过 Excel 表格分析商品属性，并且对其进行加工。例如，在适用年龄的数据属性表中引入了一个"竞争度"的属性，并且添加计算公式，可以非常清晰地看到每产生一位成交用户，该属性有多少商品参与竞争，如图 4-17 所示。

内部结构（单肩/斜挎包）

序号	行业名称	属性名称	交易指数	人气指数	店铺数量	商品数量	竞争度(越小越好)
1	精品男包-单肩/斜挎包	拉链暗袋	46140216	193751688	1716	47853	0.10%
2	精品男包-单肩/斜挎包	手机袋	10374171	58010403	1121	12757	0.12%
3	精品男包-单肩/斜挎包	夹层拉链袋	7891804	28533520	1055	6332	0.08%
4	精品男包-单肩/斜挎包	电脑插袋	2246671	12409790	834	11452	0.51%
5	精品男包-单肩/斜挎包	证件袋	161493	956591	656	10134	6.28%
6	精品男包-单肩/斜挎包	相机插袋	1	1	133	771	77100.00%

数据处理：竞争度=商品数量/交易指数，表示有多少个商品争夺一笔成交。

图 4-17 对属性分析表格进行数据处理

其竞争度越小越好，通过表格可以分析出"夹层拉链袋"与"拉链暗袋"这个属性名称的竞争度是最小的，说明这个市场更加容易进入。

通过表格对所有的属性维度进行分析，然后筛选出排名靠前的两种属性，得出产品的主推属性和次推属性，如图 4-18 所示。找到产品属性的优势定位，才是正确选款的关键所在。

产品属性定位结论（单肩/斜挎包）		
属性维度	主推属性	次推属性
款式	竖款方形	横款方形
开袋方式	拉链暗袋	拉链
风格	商务	休闲
价格	100-199	200-399
适用人群	青年	中年
颜色	黑色	蓝色
外部材质	牛皮	PU
分类	单肩包	斜挎包
内部结构	夹层拉链袋	拉链暗袋

图 4-18　产品属性定位

4.1.4　店铺搜索数据分析

很多商家都会有这样的疑问：修改标题之后，新的标题究竟有哪些关键词会产生流量？此时，商家就需要对店铺的搜索数据进行分析，看看到底是哪些关键词带来了流量，哪些关键词是无效的。

在京东商智后台“行业分析”的“热门关键词”子模块中，可以分别查看 App、PC、微信、手机 QQ 以及 M 端的行业热词榜和行业飙升词，其中包括各个关键词的搜索指数、搜索点击指数、交易指数、点击率、转化率、全网商品数、竞争度、品类等不同维度的数据，如图 4-19 所示。

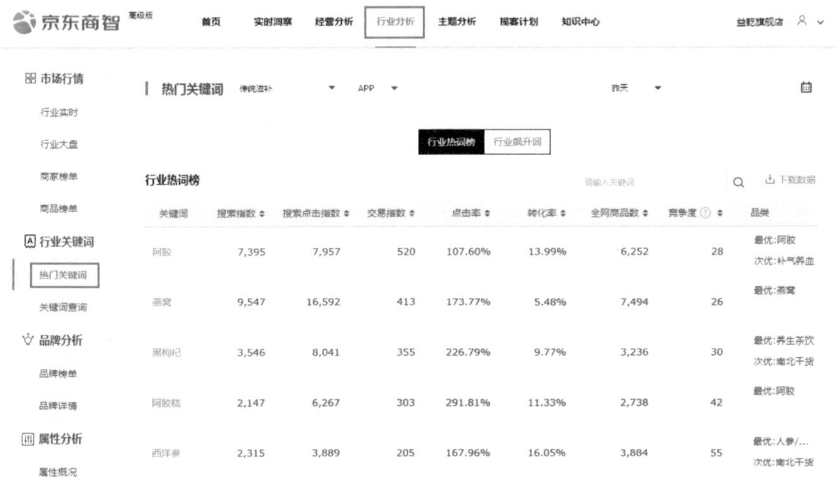

图 4-19　“热门关键词”页面

另外，在京东商智后台进入“实时洞察”→“实时商品监控”页面，选择要查看的单品，单击"查看详情"按钮，在"实时单品监控详情"页面下方的"流量特征"选区中，商家可以查看实时热词 TOP10。其中，可以看到单品的关键词流量排行情况以及这些关键词是否产生订单和流量，如图 4-20 所示

图 4-20　"流量特征"页面

4.1.5　用数据分析超越竞争对手

在商场上，取得先机极为重要。商家需要懂得利用数据分析来抢占先机，深入洞察数据背后的秘密，科学推测竞争对手的经营策略和方法。

在京东平台上，到底哪些店铺才是我们的竞争对手？下面列出了一些竞争对手的特征，如图 4-21 所示。

图 4-21　竞争对手特征

（1）类目一致排名相近：对于同一个大类目下面的商品，通过京东商智行业分析可查看相应类目的品牌排行，其中 TOP10 就是需要重点关注和分析的竞争对手。

（2）人群相似风格一致：如图 4-22 所示，这两个店铺都是主打民族风的饰品，店铺的风格类似、客户人群相近，这种才具有较大的分析价值。

图 4-22　人群相似风格一致的店铺示例

（3）产品可替代性高：从主营产品分析店铺否为你的直接竞争对手。如图 4-23 所示，这两家店铺的主营产品高度重合且产品可替代性高，因此他们属于直接竞争对手。

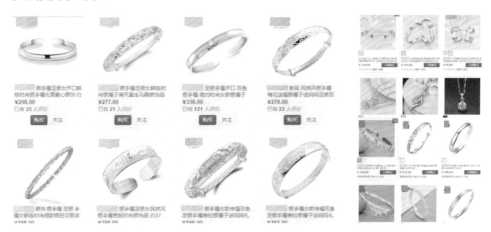

图 4-23　产品可替代性高的店铺示例

在分析竞争对手时，可以分成如图 4-24 所示的几个步骤，做到知己知彼、百战不殆。

(1) 学习竞争对手的优势，了解竞争对手的运营策略

(2) 通过与竞争对手的对比，找出自家商铺的不足之处

分析竞争的
步骤

(3) 抓住竞争对手的弱点，寻找更大的缝隙追求发展空间

(4) 实时跟踪和监控竞争对手的店铺数据

(5) 制定合理方案和策略来赶超竞争对手

图 4-24　分析竞争的步骤

4.2　京东商智数据分析工具

京东商智可以让商家更好地进行数据分析，实现智慧化运营、数据化营销。官方数据显示，目前已有超过 80% 商家参与了商智的免费试用。

4.2.1　实时洞察

实时洞察分为实时概况、实时来源、实时榜单、实时访客、实时单品监控几大模块，主要功能是展示店铺实时数据、实时查看店铺流量销量、判断异常情况，方便商家对店铺运营状况有一个快捷直观的了解，如图 4-25 所示。

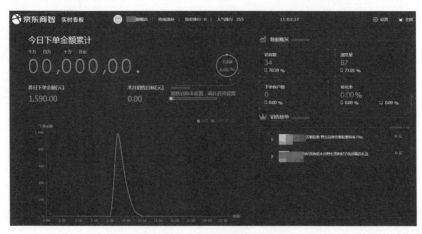

图 4-25　"实时洞察"板块

4.2.2 流量分析

无论出发点是分析店铺流量结构，还是解决销售下跌问题，流量分析都是运营者在日常工作中必不可少的基础工具。流量分析包括 3 个功能：流量概况、流量路径和关键词分析。例如，在"流量概况"→"核心指标"页面中，可以看到各渠道的核心指标及其环比变幅，如图 4-26 所示。

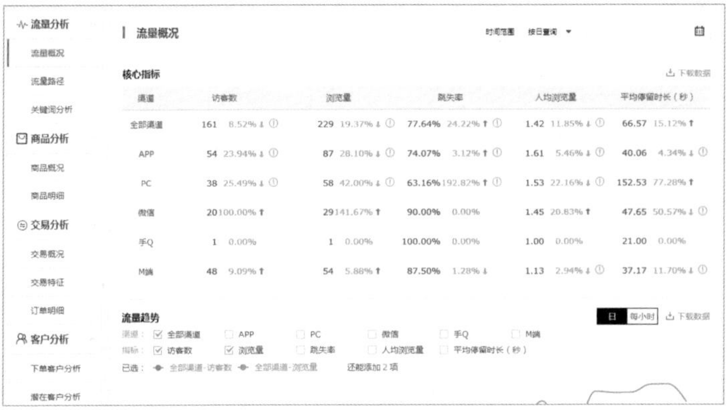

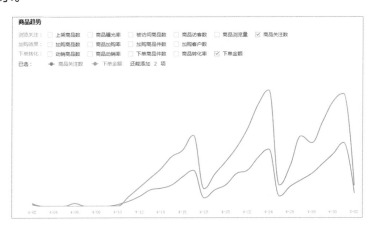

图 4-26　"核心指标"页面

4.2.3 商品分析

众所周知，商品是经营的根本，商品的数据不可或缺。商智的商品分析功能，包含商品概况与商品明细两个模块。例如，在"商品概况"→"商品趋势"页面中，可通过对商品概览数据的可视化，利用趋势图来查看各个指标的数据趋势，如图 4-27 所示。

图 4-27　"商品趋势"页面

4.2.4　交易分析

作为店主，最关注的莫过于 GMV，也就是店铺内的交易情况。京东商智的交易分析模块，就是针对店铺内交易数据（即订单数据）的分析工具。交易分析分为交易概况、交易特征和订单明细 3 个页面。例如，在"交易概况"→"交易趋势"页面中，利用曲线图来描述与成交（即订单）相关的数据指标在时间上的趋势，同时提供同行同级店铺在各个指标上的均值，可以做横向对比，以明确自己在行业相似体量商家中的竞争情况，如图 4-28 所示。

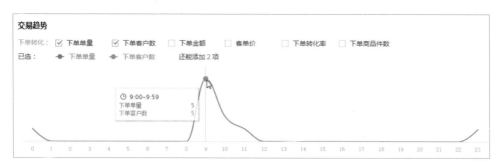

图 4-28　"交易趋势"页面

4.2.5　客户分析

客户分析包括下单客户特征和潜在客户分析两大模块，可以帮助商家知道主要客户群体是谁，他们需要什么，然后提供给他们想要的东西。

例如，在"下单客户特征"页面中，就是对店铺消费者在京东整站的浏览和购买行为进行的用户画像，包括性别、年龄、地区、会员等级、购买力、促销敏感度、评论敏感度、购物偏好商品品类等，如图 4-29 所示。

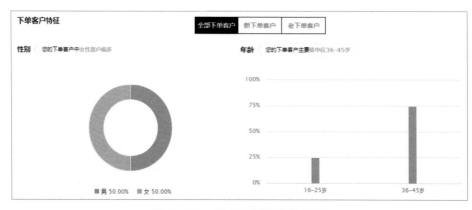

图 4-29　"下单客户特征"页面

4.2.6 服务分析

服务分析包括售后服务和店铺评分两个模块。售后服务模块操作较为简单，旨在展示核心的售后数据，帮助商家监测售后服务质量。店铺评分关系到搜索排名、消费者对店铺的评价等内容，也需要引起商家的关注，如图 4-30 所示。

图 4-30　"店铺评分"页面

4.2.7 供应链分析

供应链分析下面只有一个配送分析模块，而且只有使用了京东配送的商家才显示这个页面，如图 4-31 所示。根据配送分析数据，商家可以查看京东配送的时效性，根据数据结果指导店铺开通京配，提升用户体验。

图 4-31　"供应链分析"页面

4.2.8 市场行情分析

市场行情分析分为 3 大模块：行业实时、行业大盘、行业榜单。例如，行业大盘走势提供了店铺所在二级类目及该二级类目下所有三级类目的大盘走势，并提供行业对比功能，如图 4-32 所示。

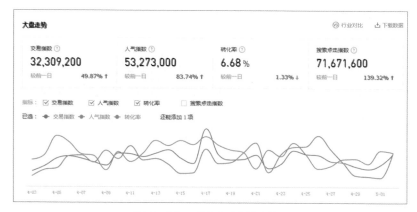

图4-32 "大盘走势"页面

4.2.9 品牌分析

品牌分析主要包括品牌榜单和品牌详情两大模块。品牌榜单从交易、人气两个维度反映行业 TOP 品牌的情况，如图 4-33 所示。品牌详情从品牌概况、品牌行业分布、商家交易榜单以及商品交易榜单 4 个维度对某个品牌进行详细的分析。

排名	品牌信息	交易指数	交易增幅	人气指数	搜索点击指数	客单价	
1		533,240	1890.55% ↑	787,162	305,896	¥347.64	详情
2		502,163	21.5% ↑	766,310	759,649	¥260.23	详情
3		464,069	42.37% ↓	664,911	610,398	¥252.27	详情
4		439,292	32.92% ↑	574,440	563,542	¥1,273.73	详情
5		422,407	60.38% ↓	563,173	518,248	¥413.02	详情

图4-33 "交易 TOP 榜单"页面

4.2.10 属性分析

属性分析模块是在行业分析下的一个子模块，可以帮助商家快速了解该行业下各属性的数据情况，主要包括属性概况和属性分布两大模块。例如，属性分布通过比较直观的条状图，将交易指数、人气指数、店铺数量、商品数量的情况展示出来，如图 4-34 所示。

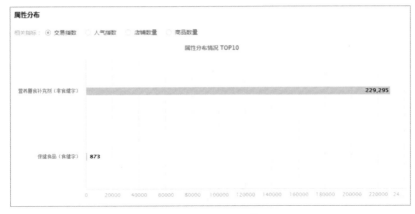

图 4-34 "属性分布"页面

4.2.11 行业关键词分析

行业关键词包括热门关键词和关键词查询两个模块。在热门关键词下，行业热词榜中囊括了各种类目热词榜，行业飙升词则体现了行业下类目点击增幅大的关键词。关键词查询可以查询各种关键词信息，包括词的基本信息，如点击指数、搜索指数、转化率等，还包括指标趋势、关键词对比等重要信息，如图 4-35 所示。

图 4-35 "关键词查询"页面

4.2.12 搜索分析

搜索分析模块分为排名定位、搜索诊断和标题分析 3 个部分。排名定位为监控店铺商品与竞品的排名提供便利；搜索诊断搭建了一个搜索公开降权信息的平台；商品的标题分析展示商品在搜索文本下的排名，如图 4-36 所示为"标题分析"页面。

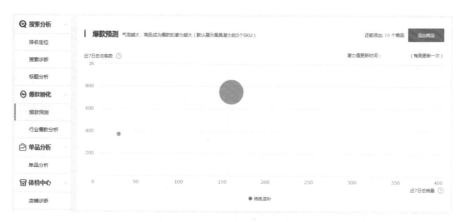

图 4-36　"标题分析"页面

4.2.13　爆款孵化分析

爆款孵化模块可分为爆款预测、行业爆款分析两大模块。爆款预测模块通过机器学习的算法，每周为商家智能预测一次店铺内商品成为爆款的可能性，这项指标也可以称为"潜力值"，如图 4-37 所示。行业爆款分析展示了京东所有二级类目下 POP 商品的爆款情况，利用智能算法展示主营二级类目下的 TOP5 爆款 SKU。

图 4-37　"爆款预测"页面

4.2.14　单品分析

单品分析分为数据概览、数据趋势、来源成交分析、买家画像、关联商品 5 个部分，可以针对 SKU 级别的数据进行精细化的运营分析。例如，来源成交分析可以从关键词来源成交、流量来源成交、单品来源成交 3 个方面展现单品成交的来源去向，如图 4-38 所示。

来源成交分析			关键词来源成交	流量来源成交	单品来源成交			⬇ 下载数据	
关键词 ⇅	访客数 ⇅	访客数占比 ⇅	浏览量 ⇅	下单客户数 ⇅	下单商品件数 ⇅	下单单量 ⇅	下单转化率 ⇅	下单金额 ⇅	UV价值 ⇅	
雪葡昆仑 特级	8	33.33%	9	1	1	1	12.50%	68.00	8.50	趋势
雪葡胎葡	3	12.50%	3	0	0	0	0.00%	0.00	0.00	趋势
雪葡	2	8.33%	3	0	0	0	0.00%	0.00	0.00	趋势
雪葡茶	2	8.33%	2	0	0	0	0.00%	0.00	0.00	趋势
昆仑雪葡	2	8.33%	2	0	0	0	0.00%	0.00	0.00	趋势

1/3   >

图 4-38   "来源成交分析"页面

4.2.15 体检中心功能

体检中心模块里面只有一个店铺诊断子模块，通过挑选出店铺的核心运营指标，并对比自身、对比行业同规模商家，判断指标是否存在风险，并给出相应的问题原因和运营建议，如图 4-39 所示。

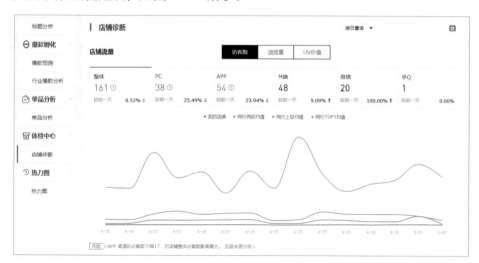

图 4-39   "店铺诊断"页面

4.2.16 热力图功能

热力图提供了关于店铺页面质量的多维度分析，包括点击、流量、引导转化等，可以帮助商家更好地优化店铺装修和运营，如图 4-40 所示。

图 4-40　"热力图"页面

第5章

拼多多：以可视化数据的形式制定电商策略

在社交电商的模式下，拼多多不仅提升了用户的购物体验，还使平台用户自发地去分享，极大地降低了流量获取成本，实现裂变式的传播。在高速传播的背后，拼多多的商家们都想抓住这巨大的流量红利，最关键的是利用相关联的数据，打造自己的爆款和特色。

本章将提供专业辅导，快速帮助商家成长，利用流量红利快速提升访客数量！

- 拼多多的数据分析工具
- 拼多多的推广数据分析
- 利用数据提升推广效果

5.1　拼多多的数据分析工具

在拼多多电商平台中运营，数据分析工具是商家在搜索和推广方面必不可少的法宝，但很多新手商家对于搜索推广的运营思路并不清晰，从而导致推广效率低下，同时还容易出现方向性的操作错误。针对这些问题，本节将介绍相关工具的操作和使用方法，帮助商家引爆搜索流量。

5.1.1　DMP 营销工具

DMP（Data Management Platform）是一个数据管理平台，它能够充分挖掘并分析平台上的人群数据，帮助商家更好地进行人群圈定、人群洞察、人群解析，从而制定出个性化的营销推广方案，有效提升商品的转化率。下面是DMP 营销平台的使用方法和具体介绍。

1. 进入 DMP 营销平台的方法

拼多多的 DMP 工具有一定的使用门槛：要求商家近 30 天的广告总消耗累计达到 6000 元。对于满足该条件的商家，系统会在 1 ～ 3 个工作日内为其开通 DMP 功能。开通后，有以下两种方法可以进入 DMP 营销平台。

方法一：商家可以进入拼多多管理后台的"推广中心"→"推广工具"，在"拼多多推广工具"选项区中选择"DMP 营销平台"工具。

方法二：商家可以在创建"多多搜索"推广计划时，在"自定义人群"选项右侧单击"添加"按钮；打开"添加自定义人群"窗口，在其中单击"新建人群"按钮或者"前往 DMP"链接，皆可进入"DMP 营销平台"，如图 5-1 所示。

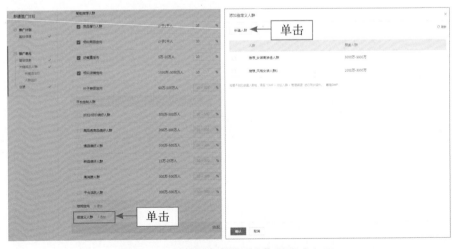

图 5-1　"DMP 营销平台"的多个入口

2. DMP 营销平台的 4 个模块

进入 DMP 营销平台主页面后，在标题栏中可以看到 4 个功能模块，从左至右依次为"数据资产""我的人群""我的报表"以及"新建营销人群"，如图 5-2 所示。

图 5-2　DMP 营销平台主页面

（1）"数据资产"模块：提供了店铺人群画像的基本分析功能。

- 人群数据：提供了商家店铺各类客户的数据及转换情况，并与同行水平进行对比，便于商家及时调整经营策略。

- 人口属性分析：包括用户的性别、年龄、地域等方面的用户占比、支付金额占比、平均支付客单价、TGI 指数等数据分析功能，便于商家了解用户的分布情况，如图 5-3 所示。

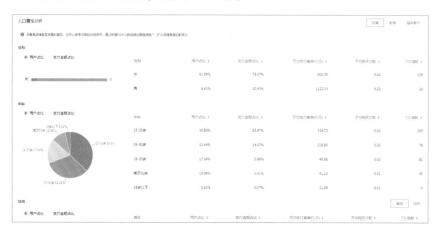

图 5-3　"人口属性分析"板块

专家提醒

　　TGI（Target Group Index）是指目标群体指数，通过比较店铺特征和行业特征计算而来。TGI指数越大，目标群体在行业内越具备差异化竞争优势。

- 行为分析：包括老客类目偏好和老客热搜关键词分析功能，为商家进行跨类目营销提供了有效指导，同时能够帮助商家找到店铺老客喜欢搜索的关键词。
- 人群定向投放建议：在人群数据分析结果的基础上，为商家提供人群定向的指导建议，包括平台推荐人群包、购买类目偏好、搜索关键词偏好以及建议关注标签等功能，帮助商家高效快速地完成人群圈定。商家可以单击"去创建"按钮，通过用户标签或行为快速圈选相关人群。

　　（2）"我的人群"模块：商家可以在"我的人群"模块中查看并管理已建立的人群，包括人群名称、创建类型、更新时间、预估人数、投放渠道管理、人群透视等相关操作。

　　（3）"我的报表"模块：商家可以在其中查看阶段性人群包的投放效果，如图5-4所示。同时，商家还可以选择日期范围或搜索人群名称，来查看相关人群的推广效果数据。单击"报表下载"按钮，可以生成包含曝光、ROI、消耗等关键数据的报表，能够帮助商家更好地进行数据分析，以及指导推广计划的投放。

图5-4　"我的报表"模块

　　（4）"新建营销人群"模块：支持商家设置相应的添加条件，来生成个性化的营销人群，目前支持通过用户标签或行为、店铺或商品偏好、ID上传这3种创建人群的方式。

5.1.2　人群洞悉工具

　　商家可以进入拼多多管理后台的"推广中心"→"推广工具"页面，在"拼多多推广工具"选项区中选择"人群洞悉"工具，进入"搜索人群洞悉"页面，选择相应的推广单元后，可以查看定制人群和用户画像数据，如图5-5所示。

在"定制人群"选项区中，可以查看相关定制人群的当前溢价比例、访客指数、点击转化率、投入产出比等数据。其中，访客指数是指在某个统计周期内，访问该广告单元进入商品详情页的去重人数（一个人在一天内访问多次只记一次）。

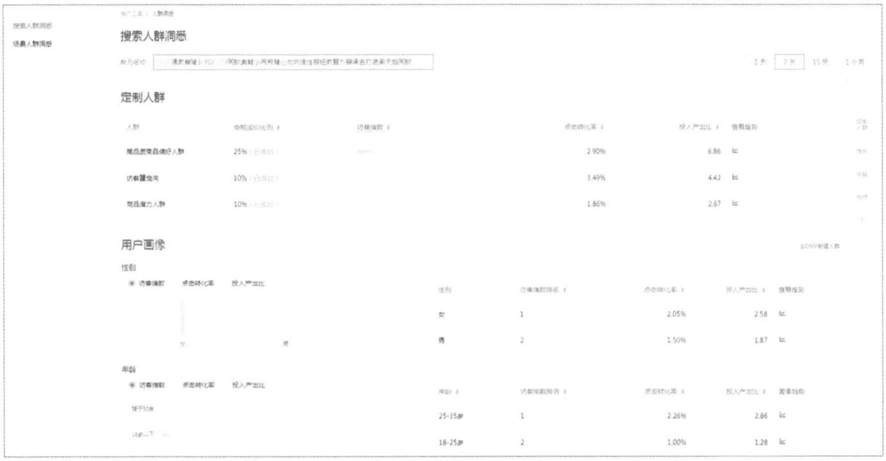

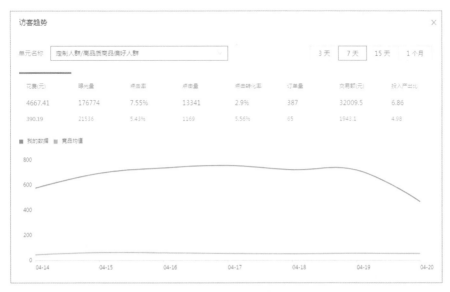

图5-5　"搜索人群洞悉"页面

在"查看趋势"栏中单击相应用户类型的报表按钮⊵，打开"访客趋势"窗口，在"单元名称"列表框中选择相应的定制人群或访客画像，即可查看该类型定制人群或访客画像的花费、曝光量、点击率等数据，以及与竞品均值的对比图，如图5-6所示。

图5-6　"访客趋势"页面

商家可以通过"人群洞悉"推广工具，解析定向人群的流量情况，以及查看竞品数据、人群基础画像，从而更加精准地锁定推广人群。

5.1.3　商品诊断工具

商品诊断工具可以为商家提供搜索推广计划下的商品投放诊断和商品竞争分析服务，帮助商家提高行业竞争力。商家可以进入"推广中心"→"推广工具"→"商品诊断"页面，选择相应的推广计划，即可进行曝光诊断、点击率诊断和转化率诊断，并列出相关的问题及原因，如图5-7所示。

图 5-7　"商品诊断"推广工具主页面

当系统诊断推广计划存在问题时，同时还会给出相应的优化建议，如开启智能词包或者添加优质关键词，来提升商品的排名和曝光量。商家可以直接单击"一键开启"按钮或者"一键采纳"按钮，根据系统方案快速做出优化。

另外，在"商品诊断"推广工具页面的最下方，商家可以查看近7天的竞品累计数据对比情况，查看商品与竞品的差异，找出问题所在，以便进行针对性的优化调整，如图5-8所示。

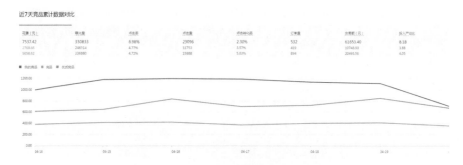

图 5-8　"近 7 天竞品累计数据对比"页面

5.2 拼多多的推广数据分析

拼多多店铺的运营和推广并不缺技术，背后的数据和思路反而更加重要。只有了解平台的算法机制和推广规则，运营才能够更加得心应手。本节将介绍拼多多的推广数据分析，打开运营推广思路，帮助大家快速掌握各种引流新玩法。

5.2.1 搜索推广数据分析

搜索推广不仅能够精准投放，让商品实现精准曝光，给商家带来更多潜在消费人群；同时，搜索推广还可以实现精准转化，其带来的消费者都是有明确购买意向的买家。

搜索推广是一种典型的CPC（Cost Per Click，每点击成本）推广方式，只按点击收费，展现不扣费，引流成本比较低；同时，搜索推广支持相关人群定向，可以抓取更精准的流量。

搜索推广主要包括测图测款、提升质量分、提升销量、精准引流以及提高投产比。其中测图测款是通过客户对精准商品进行检验，利用数据分析帮助商家更好地把控店铺后期的运营。

例如，在某个小吊带背心商品的搜索推广创意中，可以看到有5张不同的创意图，这些创意图的曝光量、点击量、点击率、花费、投入产出比等数据都各不相同，商家可以从这些维度去判断，找到质量更高的创意图，如图5-9所示。

图5-9 "测图"页面

在判断搜索推广计划的投放效果时，ROI是最直接有效的指标，ROI值越高则说明推广效果越好，值越低则说明推广效果越差。商家在分析搜索推广效果时，建议参考 7 天或 30 天的 ROI 数据，如图 5-10 所示。

推广报表	搜索推广	场景展示				昨日 今日 7天 30天 90天 自定义 ∨

搜索推广概况

曝光量	点击量	点击率	花费	投入产出比	订单量	平均点击花费
7.90万	1267	1.60%	445.03	48.83	17	0.35

图 5-10　"推广报表"页面

在使用 ROI 判断搜索推广效果时，商家可以参考公式"ROI 的盈亏平衡点 = 1÷ 单品毛利率"。当 ROI 大于盈亏平衡点，则说明推广是有效的；若 ROI 低于盈亏平衡点，则代表推广是亏钱的。当搜索推广计划的 ROI 偏高时，商家可以继续增加推广力度，将搜索推广赚到的钱再投出去，让 ROI 达到盈亏平衡状态，从而获得更多自然搜索流量，形成良性循环。

5.2.2　场景推广数据分析

商家进入拼多多管理后台的"推广中心"→"推广概况"→"多多场景"页面，即可查看场景推广的数据，如图 5-11 所示。商家可以在此查看指定时间范围内的以计划为维度的推广汇总数据，选择不同的数据指标，即可看到对应的趋势图。

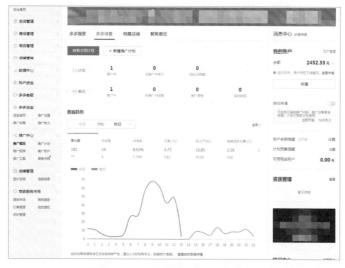

图 5-11　"多多场景"推广概况

在"数据趋势"选项区中，单击"全部"按钮，可以进入"推广报表"→"场景展示"页面，在此不仅可以查看场景展示概况，还可以按统计项或日期来进行数据趋势对比，如图 5-12 所示。

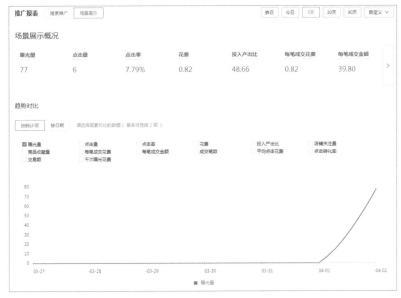

图 5-12　"场景展示"推广报表

在该页面底部，商家可以按照分级详情或分时详情来查看场景展示推广的相关数据指标。在处理这些数据时，可以通过推广汇总、推广计划、推广单元这 3 个维度进行分析，便于商家进行更精细化的数据分析。

商家想要通过场景推广让商品进入系统的流量池，首先需要让系统了解你的商品以及该商品适合哪些用户，这样系统才能够为商品匹配更精准的流量资源。

要实现数据量化，首先需要积累一定量的数据，由于每天的点击率或转化率随机性较大，数据相差也会很大，这样获得的结果并不精准。因此商家在日常推广运营过程中，前期需要通过各种免费或付费渠道来获得大量数据，数据量越大判断越精准，从而实现精准化运营，提升运营策略的准确性。

5.2.3　直播推广数据分析

直播带货已成为当下最火热的吸粉和引流方式，通过直播来推广店铺的商品，可进一步精简销售渠道环节，降低渠道成本。因此，商家在每一次直播带货之后，需要做好本场直播数据的采集和分析，利用数据去优化直播间的流程、活动、选品、服务等细节。

如图 5-13 所示是某场直播之后的数据结算页面。从图中可以看到直播的基础数据，包括累计观看、新增关注、评论、直播间分享次数和人均观看时长。而曲线图则可以直观地了解直播的新增观看、新增关注以及评论随时间的波动。

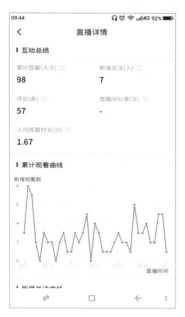 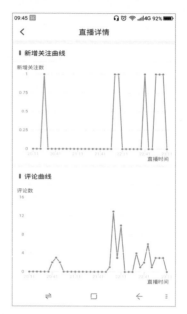

图 5-13 "直播详情"页面

对这些数据进行分析，商家可以找到直播间的流量来源和观众的关注点，选取最佳的带货产品，挑选合适的主播人选与服务。这样不断地调整、改变，就能找到最优的组合方案，进行直播推广。

5.2.4 活动推广数据分析

活动推广是一种常见的营销策略和方式，适合以活动流量为主要营销方式的商品，通常其目的都是为了测试新品价格，从而预估大促的产出预算。商家可以用新品开通一些小活动，然后重点对比活动价和正常价的转化率数据，以判断产品在大促时到底适合卖什么价格。

通过参与活动，商家可以分析新品在小活动中的访客数、转化率等数据来进行综合评估，如图 5-14 所示。数据越多测试结果越精准，从而能更好地对大促活动的商品活动价、备货量以及盈亏情况进行合理规划。

需要注意的是，活动推广前期，因商品要达到活动门槛，因此需要付出较大的预算，而且产品的成本比较高，市场的竞争也比较激烈，因此这种推广方式不适合小商家使用。

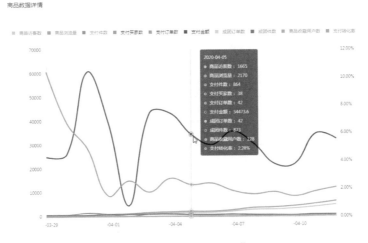

图 5-14　"商品数据详情"页面

5.2.5　明星店铺推广数据分析

拼多多商家可以通过创建明星店铺推广计划来进行推广，明星店铺推广是商家在拼多多平台上的一个"闪亮名片"。

当商家创建了明星店铺推广计划并进行投放后，可以进入拼多多后台"明星店铺"→"计划"页面，查看投放计划的相关数据，如查看昨日、今日、7 天、30 天和 90 天的数据，同时还可以批量暂停和批量启动推广计划，如图 5-15 所示。

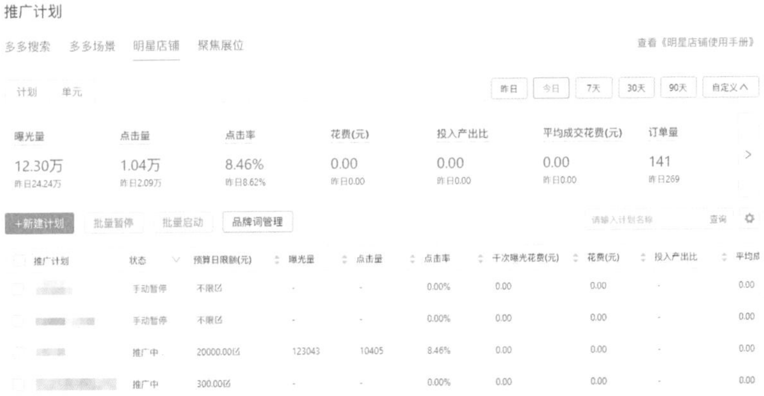

图 5-15　推广计划"明星店铺"页面

在"推广单元"栏中选择相应的推广单元，进入单元详情页，在此可以查看明星店铺推广单元的品牌词和广告创意的详细数据，如图 5-16 所示。

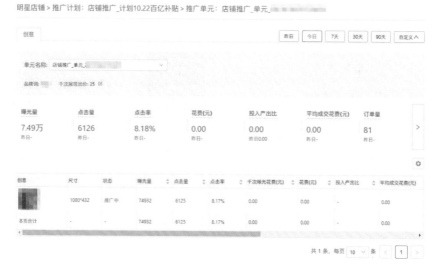

图 5-16 "推广单元"页面

商家通过开通明星店铺引流工具，不仅可以轻松提升排名，上到拼多多首页，带动整个店铺销量的提升；同时可以利用数据分析为店铺中需要打造的爆款或新品进行单品集中引流，从而快速提升单品销量。

5.2.6 多多进宝推广数据分析

多多进宝是拼多多为商家提供的一种营销工具，商家可以给推手设定一定的佣金比例和优惠券，让推手来帮助商家分享商品链接，吸引消费者下单，从而实现商家提升营收、推手获利以及买家获得优惠的"三赢局面"。

多多进宝的站外推广效果分析功能，可以帮助商家实时掌握主推商品的站外推广效果，查看商品是否得到推手青睐，同时可以提供翔实数据助力商家测款。站外推广效果功能主要包括实时成交、引流转化和推广监控 3 个部分，如图 5-17 所示。

商家可以在站外推广效果功能页面中单击"查看推广效果明细"按钮，或在左侧导航栏中选择"多多进宝"→"推广效果"选项，进入"进宝推广效果"页面，查看各个多多进宝活动的推广效果详情数据，如图 5-18 所示。

商家可以在"商品数据汇总"选项卡中查看商品成交数据和商品曝光数据，通过分时段展示实时监控商品的推广效果和销量数据。

在"订单明细"选项卡中可以查询由多多进宝产生的商品订单详情。单击"导出订单明细"按钮，可以导出多多进宝的订单报表，帮助商家更好地进行数据分析，以作为调整多多进宝活动的推广商品和佣金比率的依据。

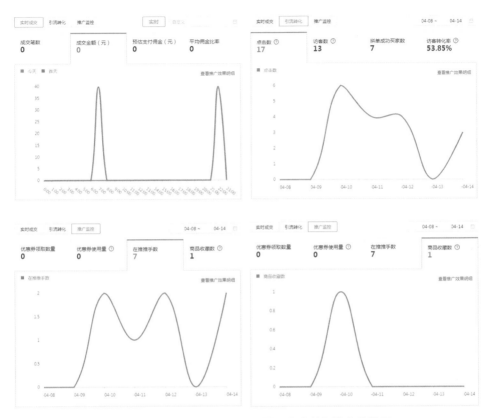

图 5-17　实时成交数据、引流转化点击数与推广监控图

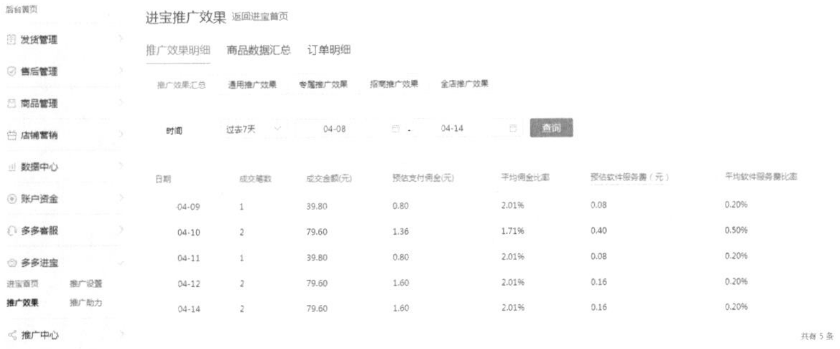

图 5-18　"推广效果明细"页面

5.3　利用数据提升推广效果

对于店铺的推广，商家最关心的指标肯定就是投入产出比了。不管哪个拼多多商家，都不愿意一直"烧钱"去进行商品推广。利用数据提升推广效果，就能

更快地在激烈的市场竞争中脱颖而出。

5.3.1 优化折扣分时

推广可以为店铺或商品带来更多精准流量，从而带动整个店铺的流量上升，然后让这些流量产生转化，最终达到提升 ROI 的目的。要提升 ROI，商家首先要做好推广的分时折扣设置，即通过不同时间段的不同出价来实现精准投放，从而增加推广商品的曝光量。

1. 调整原理

在"多多搜索"的计划详情页面中，商家可以在推广计划名称下方看到一个"当前折扣"选项，其中显示当前时段的折扣比例，如图 5-19 所示。单击 ☑ 按钮，打开"分时投放策略"窗口，即可查看和修改当前配置的分时折扣模板。根据分时折扣的计算公式"分时折扣 = 关键词出价（或场景溢价）× 分时折扣比例"，可以看出分时折扣的基本原理其实就是调整实际出价的"阀门"。分时折扣的功能与水闸类似，可以通过调整"阀门"将出水量调大或调小。同样，商家可以通过控制分时折扣比例，来调整实际出价的多少。

图 5-19　推广计划"当前折扣"页面

2. 制作报表

当商品产生订单后，商家可以算出一天中哪个时间段的成交量是最高的，然后在这个时间段提高分时折扣比例；对于其他成交量不好的时间段，则可以适当降低分时折扣比例。下面介绍制作订单成交高峰期分析表的具体操作方法。

（1）进入拼多多管理后台的"发货管理"→"订单查询"页面，将"订单状态"设置为"全部"，"拼单成功时间"设置得越长越好；单击"查询"按钮，即可查到相应的订单数据，如图 5-20 所示。

图 5-20　"订单查询"页面

（2）单击"批量导出"按钮，弹出"批量导出订单"对话框，显示导出时间和订单状态等信息，单击"生成报表"按钮。

（3）当导出完成后，会显示"下载订单报表"按钮。下载报表后，打开该报表，可以看到包括很多订单数据信息的表格，如图 5-21 所示。

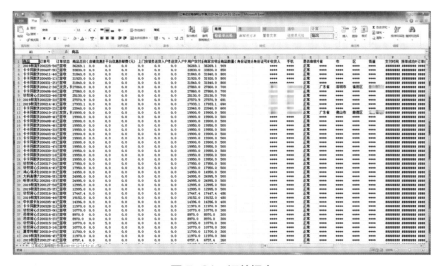

图 5-21　订单报表

（4）商家可以只保留"拼单成功时间"这一列数据，将其他的无关数据全部删除，如图5-22所示。单击"拼单成功时间"右侧的 ▼ 按钮，在打开的筛选菜单中，即可按天查看数据，如选择"三月"→"01"这一天，可以看到有4个成交时段，以及具体的成交订单的时间，如13点有两笔成交，如图5-23所示。

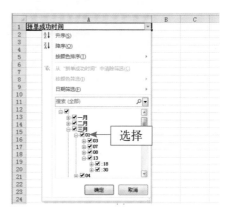

图 5-22　删除多余数据　　　　　　　　图 5-23　筛选数据

3. 调整方法

商家可以制作一个24小时的统计表格，然后将所有的成交订单数据根据成交时间填入表格中，然后统计每个时间段数据的成交订单数据并求和，得出该时间段的订单占比（某时段订单数 ÷ 订单总数），从而得出成交高峰期分时表，如图5-24所示。例如，17:00这个时段的订单数合计为56单，则订单占比为56÷327 = 17.13%。

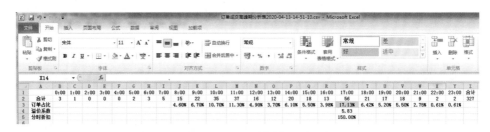

图 5-24　成交高峰期分时表

接下来商家还要计算高峰时段的溢价系数，具体公式为"溢价系数 = 1 ÷ 高峰时段的订单占比"。如上图所示，该店铺高峰时段的订单占比为17.13%，则溢价系数为1÷17.13% = 5.83。

最后，商家可以用下面这个公式来设置各个时段的实际分时折扣。例如，在17:00这个高峰时段，分时折扣为17.13%×5.83 + 50% ≈ 150%。商家可以参考如下公式，计算出其他时段的分时折扣：

$$分时折扣 = 订单占比 × 溢价系数 + 50\%（最低分时折扣比例）$$

5.3.2 优化投放地域

在设置搜索推广或场景推广的"地域定向"选项时，商家可以多投放转化率和投入产出比更高的地域。在选择"地域定向"时，商家可以参考下面这些数据。

（1）根据推广计划报表中的累计地域数据，分析主要成交词的流量来选择。

（2）使用"搜索人群洞悉"工具，在"用户画像"中查看"点击转化率"和"投入产出比"数据，找到高转化和高 ROI 人群所在地域，如图 5-25 所示。

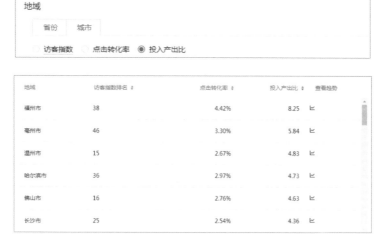

图 5-25 用户画像"地域"页面

5.3.3 优化人群定向

定向是指在关键词的基础上，对人群进行流量精准定向。商家可以通过"多多搜索""多多场景"人群定向功能，来侧重不同的人群进行投放，这就相当于将推广人群进行细分。商家可以选择适合自己商品的人群进行投放，并且增加这些人群的溢价比例，来获得更多的搜索权重，如图 5-26 所示。这样，商家选择的这些人群，即可在搜索结果页面更靠前的位置上看到自己的推广商品，从而提升推广商品在定向人群上的曝光率和转化率。

目前，"多多搜索"的定向人群可以分为 4 大类型，分别为商品定制人群、店铺定制人群、行业定制人群以及平台定制人群，在这 4 大类型下面又细分了11 个详细的人群，如图 5-27 所示。

图 5-26　定向设置示例

图 5-27　定向人群类型

而"多多场景"推广计划的人群定向大致可以分为这几类：访客重定向、商品潜力人群、相似商品定向、相似店铺定向、叶子类目定向、高品质商品偏好人群、大促敏感人群和爱分享人群。

在使用"多多搜索"推广商品时，商家可以根据不同的推广阶段，对人群定向和溢价比例进行适当调整，相关策略如图 5-28 所示。

上面这个方法比较适合新商家或新品，当然老商家也可以使用该方法进行投放，但在第一阶段中，可以选择商品潜力人群、访客重定向、相似商品定向、相似店铺定向等人群进行投放。这是因为老商家通常已经有了一定的基础销量和老客户群体，所以在初期可以选择访客重点定向等人群。同时，在设置溢价比例时，老商家也可以直接使用系统建议的溢价比例，或者在此建议基础上上浮 10%，从而快速获取更大的曝光量。

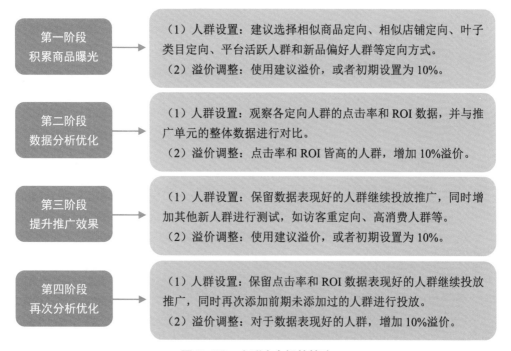

第一阶段 积累商品曝光	（1）人群设置：建议选择相似商品定向、相似店铺定向、叶子类目定向、平台活跃人群和新品偏好人群等定向方式。 （2）溢价调整：使用建议溢价，或者初期设置为 10%。
第二阶段 数据分析优化	（1）人群设置：观察各定向人群的点击率和 ROI 数据，并与推广单元的整体数据进行对比。 （2）溢价调整：点击率和 ROI 皆高的人群，增加 10%溢价。
第三阶段 提升推广效果	（1）人群设置：保留数据表现好的人群继续投放推广，同时增加其他新人群进行测试，如访客重定向、高消费人群等。 （2）溢价调整：使用建议溢价，或者初期设置为 10%。
第四阶段 再次分析优化	（1）人群设置：保留点击率和 ROI 数据表现好的人群继续投放推广，同时再次添加前期未添加过的人群进行投放。 （2）溢价调整：对于数据表现好的人群，增加 10%溢价。

图 5-28　人群定向投放策略

5.3.4　优化产品款式

拼多多平台的流量红利非常大，但是这些流量是需要商家自己去争取的。赚取流量中最重要的一步是选款，这是在拼多多上获取流量打造爆款的关键环节。而拼多多的选款必须把握两个重要原则：寻找时下的流行产品属性、打造差异化的产品。

1. 寻找时下的流行产品属性

在互联网时代，流行等于流量，因此运营好店铺就需要商家有强大的洞察力，能够跟上市场的流行步伐。如何做到这一点呢？有经验的商家可以根据自己所在行业的热点事件来预判市场变化，新手商家则可以借助数据分析工具来发现流行属性。

例如，商家可以打开拼多多商家后台，进入"数据中心"→"流量数据"→"商品热搜词"页面，查看商品热搜词，这是系统根据搜索人气拟合出的指数类指标，搜索人气越高，表示搜索人数越多，相关商品越受欢迎，如图 5-29 所示。

图 5-29 "流量数据"页面

2. 打造差异化的产品

随着拼多多商家的不断增多，平台流量也不断被打散，此时商家如果没有差异化的产品，则会面临严重的同质化竞争。没有优势的产品，很难吸引用户。产品满足常规化选款的所有要求后，这个产品可以算得上是一个优质产品。有些商家有了优质产品后，凭借本身的品牌、粉丝和推广等优势，通常就很容易打造出爆款了。

但是，中小商家不能只依靠常规化选款，还应该在"求升"的环节上再做提升，打造个性化的卖点，这样才能吸引用户快速下单。

如果商家打算吸引更细分的人群，产品特点就很重要了，产品的差异化就是吸引细分消费者的卖点。商家可以先分析同类产品，总结这些产品的特点，然后在自己的产品上打造差异化的特点功能；商家也可以观察竞品评价中涉及的优缺点，然后在自己的产品上弥补其中的缺点。

5.3.5 优化商品标题

精准关键词的爆款标题组合模式为"核心词+衍生词+一级词+二级词"，在通过推广数据来分析选择词时，把展现在 2000 ～ 10000 的词进行推广，将其他的词删除。同时，商家也要注意选择的精准关键词符合商品属性，这样在后期才能带动自然搜索。选择 3 ～ 5 个精准关键词去推广即可。

1. 核心词：瞬间引爆流量

例如，我们在拼多多搜索框中输入"凉鞋"这个关键词的时候，在下拉列表框中可以看到很多包含"凉鞋"的关键词。其中，"凉鞋"是商品的真正名称，是用户的搜索目标，所以"凉鞋"就是商品的核心词，能够很精准地描述商品到底是什么，如图5-30所示。例如，在搜索"韩版"的时候也会出现很多关键词，但买家通常不会直接搜索"韩版"，因为"韩版"这个词并不能够精准地说明产品是什么，也无法定位买家的具体需求，所以这个词不是核心词，如图5-31所示。

图5-30 核心词示例   图5-31 非核心词示例

核心关键词（简称核心词）是新品引流最为关键的切入口，是指与这个产品属性相关的，每天有大量用户搜索的关键词。注意，核心词不能设置得太多，通常由2～4个字构成，而且具有一定规模的稳定搜索量。商家只需要把这些核心词放到拼多多的首页，即可获得源源不断的流量，同时还能为新品带来很大的成交机会。

2. 衍生词：获得精准流量

衍生词是指用来修饰和补充核心词的关键词，能够筛选核心词获得的大量流量，使新品的流量更加精准，降低市场中的同行竞争。衍生词是根据用户的浏览习惯产生的，是系统记录的用户购物时用到的搜索热词。

通常情况下，用户在搜索商品时，并不会输入很精准的关键词，而是直接在搜索框中选择他想要购买的产品关键词。例如，用户在搜索"眼镜"这个关键词的时候，下拉列表框中会出现很多衍生词，如果有符合用户需求的，他就会直接选择其中的衍生词来搜索商品，如图5-32所示。系统也会记录用户点击量非常大的衍生词，来作为商品的索引，同时这些衍生词的热度也会在用户的推动下越来越高。

图 5-32　衍生词示例

除了搜索框和商品热搜词外，商家还可以通过推广数据来查找衍生词。商家可以在推广计划列表中选择相应的推广计划，单击右侧操作区中的"查看报表"按钮 ⊾，查看推广计划整体的曝光、点击、消耗和交易等数据情况，其中重点参考关键词的曝光量和点击率。如图 5-33 所示为某个关键词的推广数据图。

日期	曝光量 ⇕	点击量 ⇕	点击率 ⇕	花费(元) ⇕	投入产出比 ⇕	订单量 ⇕	平均点击花费(元) ⇕	点击转化率 ⇕	交易
08-27	2,442	192	7.86%	61.02	8.20	18	0.32	9.38%	
08-26	2,604	200	7.68%	63.73	10.16	23	0.32	11.50%	
08-25	2,495	164	6.57%	54.84	5.69	10	0.33	6.10%	
08-24	3,641	219	6.01%	67.50	8.33	19	0.31	8.68%	
08-23	4,085	210	5.14%	69.65	5.99	15	0.33	7.14%	
08-22	4,065	213	5.24%	68.58	8.92	22	0.32	10.33%	
08-21	3,985	181	4.54%	56.10	7.43	15	0.31	8.29%	
本页合计	23,317	1,379	5.91%	441.42	7.86	122	0.32	8.85%	

共有 7 条 每页 10 ∨ 条

图 5-33　某个关键词的推广数据图

第 6 章

抖音：用大数据追踪短视频流量趋势

随着各类短视频平台的逐渐爆火，短视频达人们开启了以内容＋电商为主的新型营销模式。抖音拥有巨大的流量和极高的电商增长潜力，吸引越来越多的人在抖音平台进行短视频带货和直播带货。但盲目跟风会被淹没在人海中，利用大数据追踪流量趋势才能在激烈的竞争中脱颖而出。

本章将教大家如何利用第三方平台对抖音短视频带货和直播带货的数据进行全面分析，帮助大家打好抖音电商的基础！

- 抖音的基础数据分析
- 抖音的推广数据分析

6.1 抖音的基础数据分析

抖音电商多以短视频带货和直播带货为主。随着近几年直播的热度猛升，品牌商家、达人们纷纷在各大平台开始直播带货，但流量瓶颈是几乎所有人都无法避免的难题。想要突破瓶颈，我们还需要数据分析这把尖刀。

关于直播电商的重要数据，抖音官方平台并没有完全展示出来。对此，运营者可以借助第三方数据分析平台查看相关数据，对数据进行全面地收集、处理和分析。

以"蝉妈妈"数据平台为例，运营者在浏览器中输入"蝉妈妈"，进入蝉妈妈 PC 端官网首页，如图 6-1 所示。在搜索栏中输入自己的或者想了解的达人、商品、直播、小店和视频的名称，然后搜索即可。进入搜索结果页面之后，就可以看到该账号的基础数据。

图 6-1 "蝉妈妈"官网首页

那么，在"蝉妈妈"数据平台中，关于抖音号的数据主要包括哪些内容呢？接下来将进行具体的解读。

6.1.1 基础数据

如图 6-2 所示，这是在"蝉妈妈"数据平台查询到的抖音达人的账号数据概览页面。运营者除了可以看到账号信息、"总粉丝数""总点赞数"等基础数据之外，在左下方还包含了"基础分析""直播分析""视频分析""带货分析""粉丝分析"5 个方面的数据分析内容。在"基础分析"板块中可以看到直播概览、视频概览等数据，根据这些数据，可以对账号的运营情况有一个直观的了解。

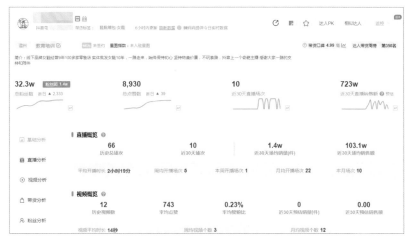

图 6-2　账号数据概览

6.1.2　粉丝趋势

　　展开"粉丝分析"页面可以查看"粉丝趋势"和"粉丝团趋势"的趋势图，如图 6-3 所示。在趋势图中可以查看近一周到近一年的粉丝和粉丝团总量和增量的变化情况，这是一项非常重要的数据，当账号的粉丝突然大量增加或者减少，运营者都需要找到其中的原因，将做得好的部分延续，将做得不足的部分进行改进，保持账号整体的稳定运营。

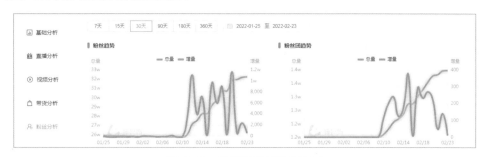

图 6-3　粉丝和粉丝团趋势图

6.1.3　视频和直播数据

　　在"直播分析"页面中可以查看近一周到近一年的直播数据情况，如图 6-4 所示。其中包括"直播场次""带货场次""总销量""总销售额"等基础数据，还详细地展示了"带货转化率""场均销量（件）""场均销售额"等高阶数据。这些数据可以有效地帮助运营者掌握直播和直播带货的总体情况。

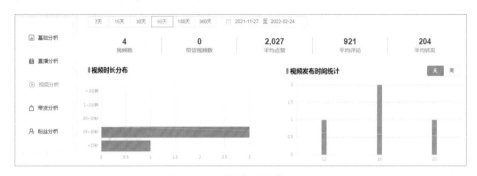

图 6-4 "直播分析"页面

在"视频分析"页面中可以查看近一周到近一年的视频数据情况，如图 6-5 所示。可以看到当前账号在 90 天内，"视频数"是 4 个，"平均点赞"是 2 027 次，"平均评论"是 921 条，"平均转发"是 204 次。

图 6-5 "视频分析"页面

下方的条状图分别展示了"视频时长分布"和"视频发布时间统计"的相关数据，这些数据可以帮助运营者了解抖音达人们视频时间长度的区间和视频发布时间的区间。在之后的账号运营过程中，运营者就可以根据这些数据确定视频长度和发布的时间，从而获取更高的效益。

6.1.4 点赞和评论趋势

点赞和评论数量能提升短视频和直播的互动指数，也就是活跃度，对排名有提升作用，当短视频和直播的排名变高时，就能吸引更多的粉丝。因此，抖音平台点赞量和评论量是影响视频作品和直播能否上热门的核心指标，运营者在内容创作运营过程中，就要围绕这些核心指标去运作。

在"蝉妈妈"数据平台中的"视频分析"页面中，可以查看近一周到近一年的"点赞数据"和"评论数据"趋势图，如图 6-6 所示。从图中可以看到，在近 90 天内，点赞总量一直保持平稳上升的趋势，而点赞增量在短时间内有巨大的波动。因此，运营者需要根据详细数据进一步进行分析。

单击图中右上角的 ⊕ 按钮，可以查看带有详细数据的趋势图，如图 6-7 所示。在"点赞趋势"图中，可以看到从 12 月 25 日到 12 月 26 日，点赞增量从

1083 减少到 −697，在一天内发生剧烈的波动，运营者就要找寻其原因，然后做出改变和调整。

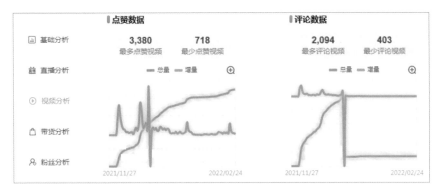

图 6-6 "点赞数据"和"评论数据"的趋势图

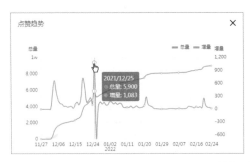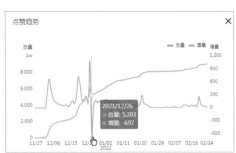

图 6-7 带有详细数据的趋势图

6.2 抖音的推广数据分析

在抖音平台上，运营者不管是短视频带货还是直播带货，最核心的基础是拥有数量稳定的观众。要将庞大的短视频观众转化成顾客，就需保证内容和商品能够持续吸引和转化粉丝，而分析抖音的推广数据就能帮助运营团队持续输出优质内容。

6.2.1 视频作品数据分析

在"视频分析"板块中，运营者可以查看视频作品的详细数据，如图 6-8 所示。视频作品分为普通视频和带货视频两类，主要数据都包括"发布时间""点赞数""评论数"等，而带货视频多了"预估销量"和"预估销售额"这两个数据。在"操作"栏中，普通视频有"视频详情" ⊙ 和"播放视频" ▷ 两个按钮，带货视频则多了"商品列表"按钮 ◎ 。单击"播放视频"按钮 ▷ 即可播放视频；单击

"商品列表"按钮◎即可查看商品列表，其中包含了品牌、数量、价格等数据。

视频内容	发布时间↓	预估销量(件)↓	预估销售额↓	点赞数↓	评论数↓	转发数↓	关联直播	操作
你家的洗衣机有多脏你知道吗？#洗衣机#洗衣...	02-23 18:30	343	2.2w	1,685	32	232	--	⊙ ▷ ⊡
家里有孩子的可以告诉孩子，这就是知识的财富...	02-23 10:45	--	--	9,948	167	4,293	--	⊙ ▷
换季皮肤干燥，这个玻尿酸原料实在，价格也很...	02-22 22:09	10	471.50	577	22	90	--	⊙ ▷ ⊡
我们都知道维生素B的好处，但是很多人却不知...	02-22 18:31	12	279.16	636	23	240	--	⊙ ▷ ⊡
这个新的喷雾大家知道吗？赶紧转发给你身边...	02-22 10:45	--	--	6.2w	993	11.4w	--	⊙ ▷

图6-8 "视频内容"页面

"视频详情"页面中的数据需要运营者重点关注，单击"视频详情"按钮⊙即可查看视频详情，如图6-9所示。可以看到某一条视频的主要数据包括"点赞数""转发数""评论数""收藏数""IPM（千次浏览互动量）"等数据，而"销售额""销量""GPM（千次浏览成交额）"这些数据通常在带货视频中才会出现。

图6-9 "视频详情"页面

"视频详情"页面也是从"基础分析""商品分析""评论分析""观众分析""视频诊断"这5个板块对视频进行详细地数据分析。

1. 基础分析

"基础分析"页面包括"指标趋势分析"和"综合转化分析"两个板块。在"指标趋势分析"板块中，以折线图的形式将近24小时到近90天的播放量、点赞、转发、评论和收藏这些基础指标的增量和总量数据表现出来，清晰直观地显示基础指标数据随着时间变化的动态情况，如图6-10所示。"综合转化分析"板块则展示近24小时到近90天IPM和GPM数据变化的趋势图，如图6-11所示。

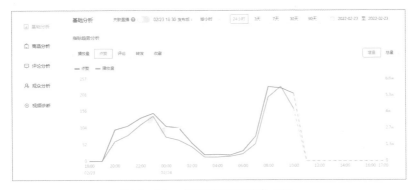

图 6-10　"指标趋势分析"板块

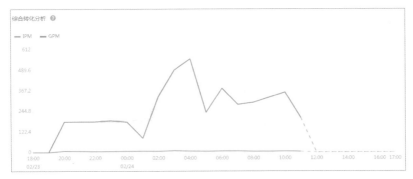

图 6-11　"综合转化分析"板块

2. 商品分析

"商品分析"页面是分析带货视频数据的重要部分，它是对主要商品销售额的趋势进行分析，如图 6-12 所示。从图中可以看出，该商品在 8:00 ~ 10:00 这个时间段的销售额最高，所以运营者就可以选择在这个时间段发布带货视频。

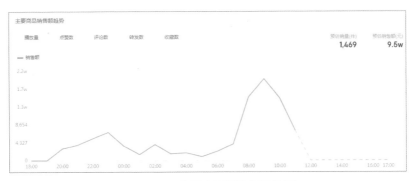

图 6-12　主要商品销售额趋势图

在"商品分析"页面中还推荐了同款商品销售额 TOP4 的视频，通过观看这些视频，运营者可以将其中优秀的企划、创意、细节记录下来并且学习和运用，以提升自己作品的质量，带动商品的销售额。

3. 评论分析

"评论分析"页面分为"评论热词 TOP10"和"所有评论"两个板块。"评论热词 TOP10"板块中检索了评论中最常见的 10 个关键词，并以柱状图的形式表现词汇的热门程度，如图 6-13 所示。

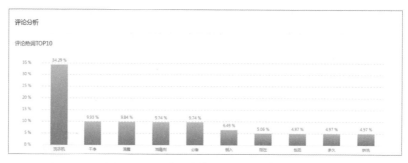

图 6-13   "评论热词 TOP10"板块

在"所有评论"板块中可以查看关于该视频的所有留言，如图 6-14 所示。不管是运营者还是买家，都可以在评论中看到关于视频的看法。运营者不能只接受评论中的赞美，对于疑问要及时解答，对于投诉要及时处理，对于质疑要给出合理的解释，还要了解粉丝们的需求。

图 6-14   "所有评论"板块

4. 观众分析

"观众分析"页面是将视频的观众特征进行分析，这是了解视频受众的重要途径。"观众分析"页面包括"画像概览""性别分布""年龄分布"和"地域分布"4 个板块，如图 6-15 所示。通过对观众特征进行分析，在之后的账号运营过程中，可以更精准、更精细化地对视频进行推广。

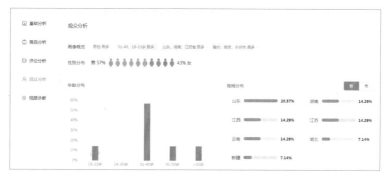

图 6-15　"观众分析"页面

5. 视频诊断

在"视频诊断"页面中，是从本场视频水平、同时段行业水平和达人历史水平 3 个维度对视频进行全面的分析，其中还包括一些关键指标的行业对比，以帮助运营者了解自己在所处行业的位置，提高自身竞争力，如图 6-16 所示。

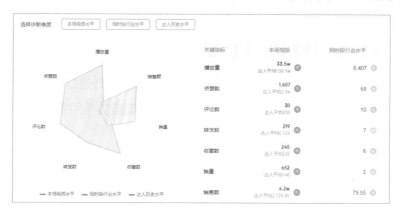

图 6-16　"视频诊断"页面

6.2.2　直播数据分析

直播带货之所以能够超越传统的电视购物带货，有一个很大优势就是数据可视化，可通过数据衡量直播效果。当数据开始出现波动时，不管是上升还是下降，直播团队都能迅速地做出调整，将直播数据稳定在持续上升的趋势中。

在"蝉妈妈"数据平台的"直播分析"页面中，可以查看非常详细的直播数据，如图 6-17 所示。其中包括"直播观看人次趋势""用户行为趋势""直播带货趋势""带货产出趋势"和"GPM 趋势"图，它们将直播的关键数据以图表的方式直观地展现出来。

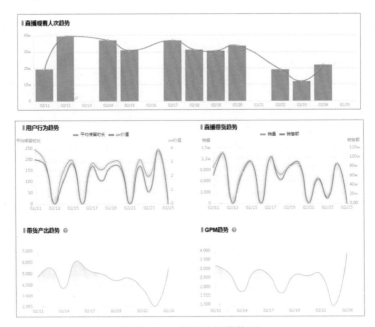

图6-17　直播数据趋势图

运营者通过分析直播数据的趋势图，能够有效地衡量直播和带货的效果。比如在"用户行为趋势"图中，用户的平均停留时长是一项关键指标，直播团队不应该关注进来的人数多或者少，而应该重点关注用户的平均停留时长，平均停留时长越长，粉丝黏性越高，转化率也就越高。

在"直播记录"页面可以看到之前每一场直播的数据总结，如图6-18所示，包括"直播时长""观看人次""销量""销售额"等。

直播场次	开播时间	直播时长	观看人次	人气峰值	uv价值	商品数	转化件	销售额	操作
清仓！不玩了，玩不过…	02-24 21:51	2小时36分28秒	21.9w	9,895	3.90	174 预估	1.1w 预估	85.6w 预估	⟲ ⊕
勤俭开工，全部用白菜	02-23 22:34	18分31秒	3.4w	6,005	0.72	20	399	2.4w	
勤俭开工，全部用白菜	02-23 21:57	33分1秒	8.5w	7,955	0.98	40	1,367	8.3w	
勤俭开工，全部用白菜	02-22 22:07	2小时19分27秒	19.2w	1.1w	2.69	165	6,830	51.5w	
勤俭开工，全部用白菜	02-20 21:54	3小时9分19秒	33.6w	1.6w	2.60	187	1w	87.3w	
勤俭开工，全部用白菜	02-19 21:55	3小时1分55秒	30.6w	1.3w	2.63	179	9,923	80.3w	

直播记录　销量(件) 10.3w　销售额 789.5w

图6-18　"直播记录"页面

6.2.3 直播带货分析

在"直播记录"页面中选择一场直播，单击"操作"栏中的"直播"按钮，进入"直播详情"页面。在"直播详情"页面中，可以看到该场直播内容的详细数据，如图 6-19 所示。其中包含"观看人次""本场销售额""UV 价值""观众平均停留时长"这些直播关键数据，每一项数据下方的小字是当下数据与当日其他直播的对比，这也是衡量该场直播效果的重要数据。

"人气数据"和"带货数据"是对数据的详细补充，"带货转化率"是衡量直播带货效果的最直观的数据。参考这些数据，运营者可以通过优化直播流程、调整带货主播、选择适合产品等方式提升带货转化率。

图 6-19 "直播详情"页面

在"直播详情"页面中包含了"流量分析""商品分析""观众分析"和"直播诊断"4 个板块，能帮助直播团队对该场直播进行全面的数据分析。

1. 流量分析

"在线流量分析"板块分别以流量和成交为指标做出相关数据的折线图。流量图是根据在线人数、进场人数和离场人数的数据绘制而成的，如图 6-20 所示。

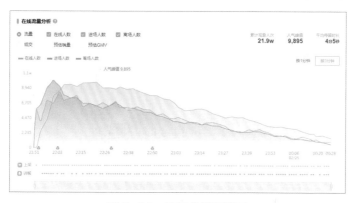

图 6-20 流量分析折线图

成交图则根据预估销量和预估 GMV（Gross Merchandise Volume，商品交易总额）绘制而成，如图 6-21 所示。移动光标指针至图中想了解数据的时间点上，则可以看到详细数据。比如图中 2 月 24 日 22:11，预估销量为 231，预估 GMV 为 1.2 万。折线图下方的"上架"和"讲解"是关于直播过程中商品上架和讲解的时间点以及销量。

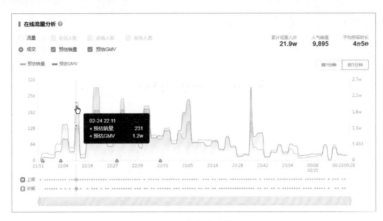

图 6-21　成交分析折线图

"在线流量分析"板块下方是互动和关注的数据情况，如图 6-22 所示。互动效果的数据化衡量指标是直播过程中商家关注的核心，粉丝看直播时，能不能产生点赞或者评论等互动，就要看主播的引导和内容策划情况，互动的好坏直接影响粉丝的转化率。

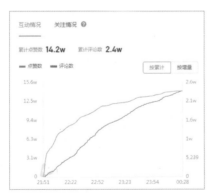
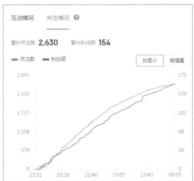

图 6-22　互动情况和关注情况图

"预热视频"板块中的预热视频是直播前用以吸引观众的推广方式，一个拥有独特创意的视频能够给直播带来更多的关注。如图 6-23 所示，为预热视频的数据。

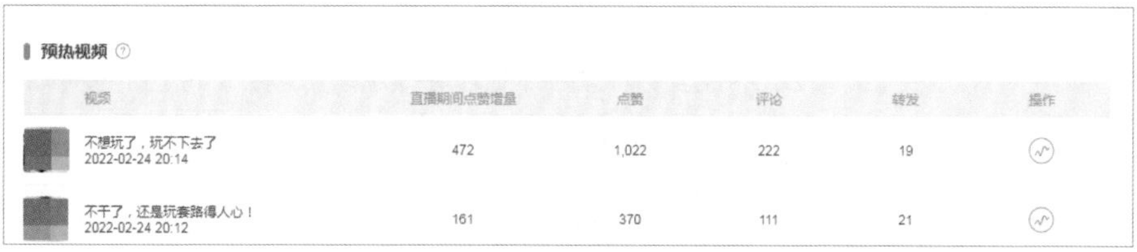

预热视频 ⓘ					
视频	直播期间点赞增量	点赞	评论	转发	操作
不想玩了，玩不下去了 2022-02-24 20:14	472	1,022	222	19	⟳
不干了，还是玩赛路得人心！ 2022-02-24 20:12	161	370	111	21	⟳

图 6-23　预热视频数据

"流量分析"页面的最后一部分是"观众来源"和"转化漏斗"板块，如图 6-24 所示。"转化漏斗"板块将转化的流程简单明了地表现出来，帮助团队洞察直播数据背后的秘密。

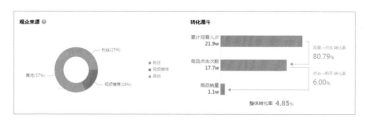

图 6-24　"观众来源"和"转化漏斗"板块

2. 商品分析

直播带货中，商品的选择十分关键，商品数据分析能帮助团队更好地选择观众喜爱的产品。如图 6-25 所示，是抖音达人直播带货商品的数据分析。每一件商品的详细数据都可以查看，其中包括销量、销售额、转化率等基础数据。单击"转化率"栏中的≡按钮，可以查看单个商品转化率的详细数据，如"商品销量""讲解曝光量""点击 - 购买转化率"等，团队可以根据这些数据优化选品，增加直播效益。

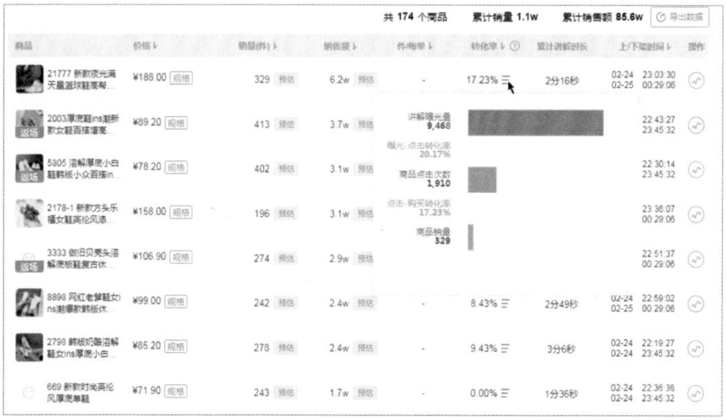

图 6-25　"商品分析"页面

单击"操作"栏中的 ⊚ 按钮，可查看单个商品直播时的详细数据，如图 6-26 所示。在"销量及价格走势"图中，红色阴影部分是在主播进行讲解时的销量情况。在直播带货过程中，单个商品的讲解时间需要根据该商品的销量来控制，当销量在一段时间内不再继续上涨时，主播立刻转换到下一件商品的讲解。这也是直播数据的作用，它能够让主播在直播中利用数据合理控制时间分配，达到最大的推广效果。

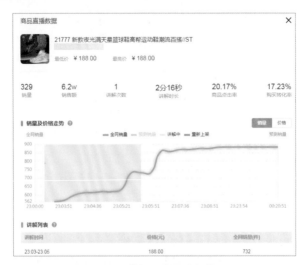

图 6-26　"商品直播数据"页面

3. 观众分析

了解直播观众是团队带货的第一步，它会影响整个直播的运营效果。如图 6-27 所示，是该场直播观众的数据分析。图中数据显示，91.16% 的观众是女性，其中 31～40 岁年龄段占比最大，达到了 41.52%，最多的观众是来自江苏。这些特征能帮助主播更好地了解观众，贴近她们的喜好，满足她们的需求。

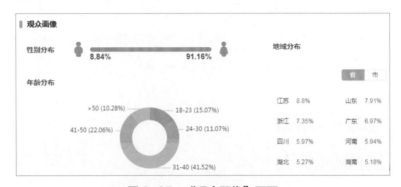

图 6-27　"观众画像"页面

接下来是"弹幕热词"和"弹幕达人 TOP10"板块，如图 6-28 所示。弹幕是一种新兴的社交文化，有了弹幕，在直播过程中，观众与观众之间、观众与主播之间都可以进行实时互动。弹幕不仅拉近了观众与主播之间的距离，也能让观众之间实现友好交流，促成共同消费。"弹幕热词"板块可以帮助团队了解该场直播中的热点话题和关注点，"弹幕达人 TOP10"板块中的用户可能是直播的铁杆粉丝，长期维护可以带来稳定的效益。

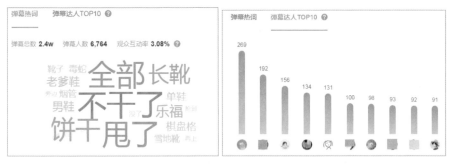

图 6-28　"弹幕热词"和"弹幕达人 TOP10"板块

"观众分析"页面最后是"福袋分析"板块，如图 6-29 所示。直播过程中，主播发送抖币红包福袋，观众通过发送指定口令获得领取资格，幸运观众则可以得到福袋奖励，这是直播间常见的互动方式，它能够吸引观众进入直播间和提高互动热情。

福袋分析		累计发放次数	累计发放总数	发放时间时间	发放期间平均停留时长	全场平均停留时长
		4	200	14分17秒	3分9秒	4分5秒
奖励		福袋个数	参与人数	粉丝团新增人数	开始时间	结束时间	平均停留时长
抖币 发送口令 不干了，全部甩了：手动参与		50	801	7	21:53:44	21:58:44	1分16秒
抖币 发送口令 不干了，全部甩了：手动参与		50	1,966	11	22:03:11	22:08:11	3分15秒
抖币 发送口令 不干了，全部甩了：手动参与		50	1,559	8	22:29:29	22:34:29	4分16秒
抖币 发送口令 不干了，全部甩了：手动参与		50	1,055	6	22:50:54	22:55:54	4分53秒

图 6-29　"福袋分析"板块

4. 直播诊断

"直播诊断"板块从带货指标和人气指标两个维度进行数据分析，如图 6-30 所示。将这两个指标与同行的平均水平进行对比，可以了解自己所处的位置以及努力的方向。

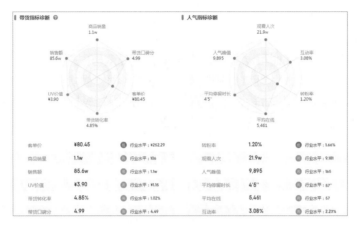

图 6-30　"直播诊断"板块

6.2.4　粉丝特征分析

在"粉丝分析"页面中，不仅能查看粉丝和粉丝团的增长趋势，还可以查看账号下的粉丝画像，如图 6-31 所示。页面中包括"性别分布""年龄分布"和"地域分布"3 个板块。从图中可以看出，绝大多数的粉丝是年龄在 31 ～ 50 岁之间的中年男女。因此，不管是短视频带货还是直播带货，运营团队都需要结合这些人群属性生产与其关联性更强的内容，让视角更加贴近粉丝群体。

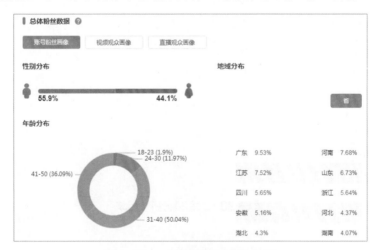

图 6-31　"总体粉丝数据"页面

"粉丝分析"页面中还有一项重要的数据指标，进入"视频观众画像"和"直播观众画像"板块，可以看到下方的视频观众购买意向和直播观众购买意向，如图 6-32 所示。

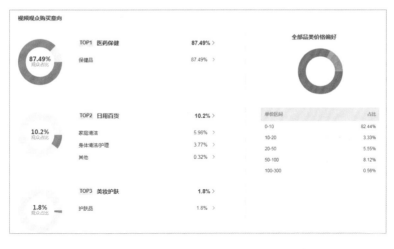

图 6-32　"观众购买意向"版块

图中显示，该账号高达 87.49% 的视频粉丝的购买意向是"医药保健"，82.44% 的购买意向产品的价格区间在 0 ～ 10 元，而几乎所有的直播观众的购买意向是 20 ～ 50 元的日用百货。了解粉丝的需求之后，运营团队可以将侧重点放在这些拥有强烈购买需求的产品上面。

6.2.5　带货商品数据分析

在蝉妈妈抖音分析平台中，上方的"商品"栏中包含有"抖音销量榜""抖音热推榜""实时销量榜"和"全天销量榜"这几个关于商品的榜单，在其中可以查看最近在抖音热卖和热推的商品。

如图 6-33 所示，为"抖音销量榜"前 8 位的商品，显示有"佣金比例""昨日销量""销售额""月销量"和"30 天转化率"的数据，它们为运营团队提供了带货视频策划和直播带货选品等参考。

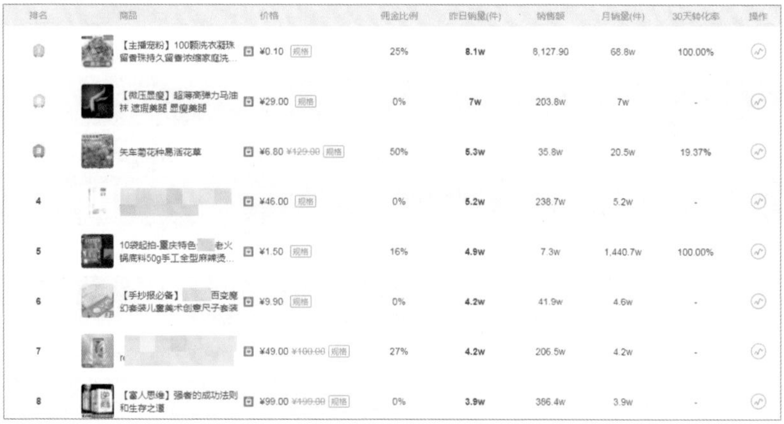

图 6-33　"抖音销量榜"页面

单击"操作"栏中的⊘按钮即可进入"商品详情"页面，如图 6-34 所示。

图 6-34　"商品详情"页面

"商品详情"页面是从"基础分析""达人分析""直播分析""视频分析"和"观众分析"5 个板块对商品进行全面的分析。

1. 基础分析

在"基础分析"板块中，最开始是"商品概览"和"热推达人趋势"两个部分。如图 6-35 所示，为"商品概览"板块，其中包括"预估总销量""预估直播销量""预估视频销量"等数据，它们作为短视频带货和直播带货的参考数据，能够有效地帮助运营团队预估投入与产出的比例以及对该商品提前做出风险判断。

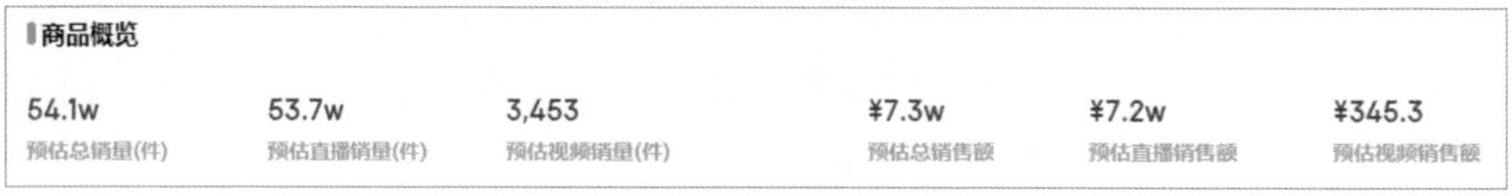

∥商品概览					
54.1w	53.7w	3,453	¥7.3w	¥7.2w	¥345.3
预估总销量(件)	预估直播销量(件)	预估视频销量(件)	预估总销售额	预估直播销售额	预估视频销售额

图 6-35　"商品概览"板块

热推达人趋势图是用折线图来表示热推达人的数量随着时间变化的情况，如图 6-36 所示。从图中可以看出，该商品随着时间的推移，热推达人的数量也一直在上升，说明这个市场是有前景的。但随着人数增加，竞争愈加激烈，运营团队也要考虑是否有信心和能力获取足够的市场份额。

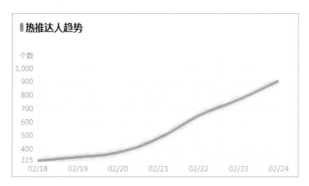

图 6-36　热推达人趋势图

接下来的部分是抖音销量趋势图，如图 6-37 所示。图中显示，近一周的抖音销量和浏览量相对来说是比较稳定的，表示这是进入该商品市场比较好的时机。

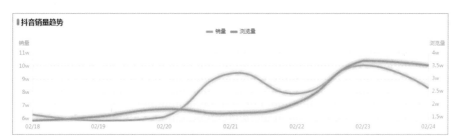

图 6-37　抖音销量趋势图

"基础分析"板块最后一部分是之前商品推广的详细数据表，如图 6-38 所示，其中包括"抖音销量""抖音商品浏览量""转化率""视频个数""直播个数"和"热推达人数"这些详细数据。"视频个数"和"直播个数"可以帮助运营团队分析市场竞争的激烈程度。

日期	抖音销量	抖音商品浏览量 ?	转化率(%) ?	视频个数	直播个数	热推达人数 ?
区间总计	915,292	257,355	100%	96	5,070	7,284
02-23	100,653	36,947	100.00%	2	452	772
02-22	79,112	20,431	100.00%	10	372	652
02-21	94,372	16,394	100.00%	5	270	483
02-20	61,345	18,001	100.00%	1	222	378
02-19	58,664	15,064	100.00%	1	221	342

图 6-38　商品推广数据表

2. 达人分析

"达人分析"板块主要显示该商品的带货达人概览，如图 6-39 所示。如果运营团队想进入市场，查看带货达人的视频内容和直播内容，可以初步了解整个内容的制作方向。以此为经验，以后可以创作更独特的产品内容。

图 6-39　"达人概览"页面

3. 直播分析

在直播销量趋势图中，可以查看近一周到近一年该商品的直播带货销量情况，如图 6-40 所示。

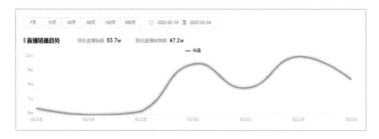

图 6-40　直播销量趋势图

4. 视频分析

在视频销量趋势图中，可以查看近一周到近一年该商品的短视频带货销量情况，如图 6-41 所示。查看长时间段的销量数据，可以得到更精确的内容分析，从而做出更精确的判断。

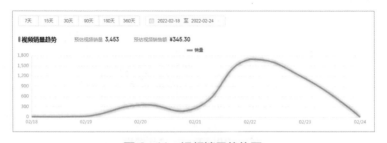

图 6-41　视频销量趋势图

5. 观众分析

"观众分析"板块中包括"粉丝性别分布""年龄分布"以及"粉丝地域分布"3

部分的数据，如图 6-42 所示。

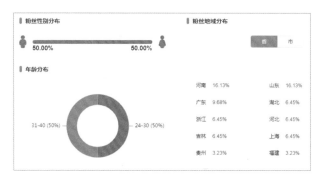

图 6-42 "观众分析"板块

除了"粉丝性别分布""年龄分布"以及"粉丝地域分布"3 部分的数据，"观众分析"板块还有一部分是"视频热门评论 Top30"，如图 6-43 所示。运营团队可以通过分析热门评论的内容，了解观众对于该商品关注的重点、提出的疑问等信息，更加完善地制作商品的内容。

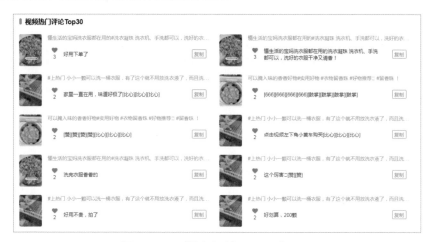

图 6-43 "热门评论 Top30"页面

第 7 章

快手：实现精准选人和投放效果最大化

快手电商自起步以来，就在不断地刷新着记录。直播电商不仅成为了快手短视频平台增长最快的业务，也成为驱动电商发展的新动力。竞争愈加激烈的环境也使得不少人折戟沉沙，大家若想从中突围而出，就不得不拥有数据分析这项本领了。

本章将提供全面的快手数据分析指导，帮助品牌和商家精准挑选合适的播主，实现投放效果最大化！

- 快手的账号数据分析
- 快手的直播带货数据分析
- 快手的商品数据分析

7.1 快手的账号数据分析

快手短视频平台拥有庞大的用户群体，是电商运营者重点运营的一个平台，但快手的"创作者服务平台"中展示的数据却是比较有限的。对此，运营者可以结合第三方平台，更全面地对账号的相关数据进行分析。

飞瓜数据快手版是一款专业分析快手数据的软件，它能为用户提供短视频、素材、直播、商品等多维度的数据分析，帮助用户实现账号涨粉、电商变现和品牌营销。如图 7-1 所示为飞瓜数据快手版的"工作台"页面，其中包括"热门素材""直播分析""商品分析"等栏目。

图 7-1 "工作台"页面

7.1.1 账号数据概览

在搜索栏中输入播主账号，单击"搜索"按钮即可进入该账号的"数据概览"页面，如图 7-2 所示。

图 7-2 "数据概览"页面

在"数据概览"页面的左侧包含"基础数据""近 30 天带货直播数据"和"近 30 天视频数据"等数据情况。用这些数据可以判断近 30 天账号运营的状态。

在"数据概览"页面中，首先可以查看近 7 天到近 180 天的"视频数据""直播数据"和"带货数据"等基本数据。视频数据中的互动率是影响视频推荐的指标之一，它由点赞率、评论率和转发率 3 个因素构成，视频的互动率越高，视频的推荐量就会越多，视频上热门的潜力也就越大。

在"带货数据"板块的下方是"粉丝趋势"板块，它将粉丝数量的增量和总量情况以折线图的形式直观地展现出来，如图 7-3 所示。图中数据显示，近 30 天内，有很长一段时间账号的粉丝数量出现负增长，粉丝总量也一直呈下滑趋势。这个时候，运营者就需要找到原因，调整和改变账号的运营方式，以免流失更多的粉丝。

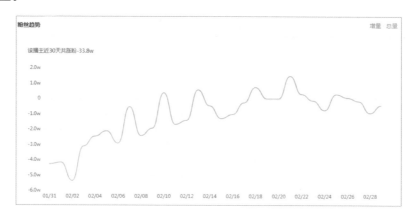

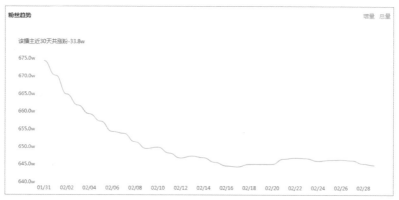

图 7-3　"粉丝趋势"板块

在"粉丝趋势"板块的下方是"视频趋势"板块，它将视频的播放量、点赞数和评论数以组合图的形式直观地展现出来，如图 7-4 所示。将鼠标指针移至想了解数据的时间点上，则可以看到该时间点的详细数据。比如图中 2022 年 2 月 14 日，播放量为 122.9 万次，点赞数为 2.6 万次，评论数为 4.1 千次。

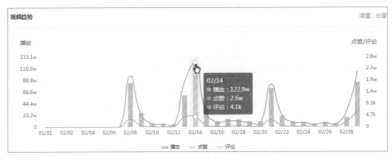

图 7-4 "视频趋势"板块

在"视频趋势"板块下方是"近 10 场直播表现"板块，其中包含带货直播和全部直播的数据表现，如图 7-5 所示。它可以帮助运营者回顾近 10 场直播的数据情况，利用这些数据进行总结分析，可以判断直播是否在一个平稳运营的状态上。

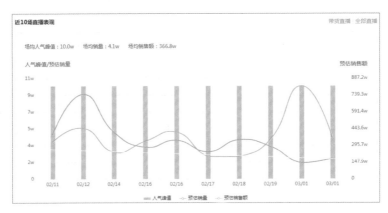

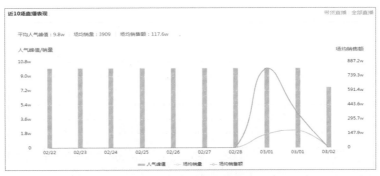

图 7-5 "近 10 场直播表现"板块

在"近 10 场直播表现"板块的下方是"近 10 个作品表现"板块，如图 7-6 所示。从图中可以看出，1 月 23 日发布作品的播放量、点赞量和评论量比其他时间的数据要高出许多，将鼠标指针移动至图中 1 月 23 日的位置，可以看到这一天发布的视频作品是一条送福利的视频，所以吸引了大量用户观看、点赞和评论。

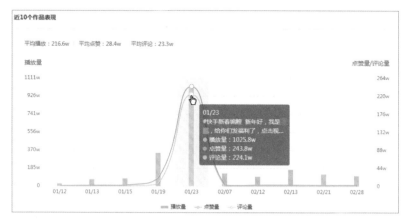

图 7-6　"近 10 个作品表现"板块

"数据概览"页面最后一个板块是"直播弹幕词云"和"视频词云"板块，如图 7-7 所示。这个板块提供了播主直播弹幕词云和视频词云的分布情况，可以快速了解视频和直播中的热度趋势，把握直播和视频中的亮点。

图 7-7　"直播弹幕词云"和"视频词云"板块

7.1.2　账号粉丝分析

账号的"粉丝分析"页面主要包括"粉丝画像""直播观众画像""粉丝团画像"和"粉丝重合度"4 个板块。在"粉丝画像"板块中可以查看粉丝的性别分布、年龄分布、地域分布以及星座分布，帮助运营者充分了解粉丝类型，如图 7-8

所示。

图7-8 "粉丝画像"板块

从图中可以看出，该播主账号的粉丝主要是女性群体，年龄在41岁以上的居多，且半数以上的粉丝都来自北方。这些数据能帮助运营者分析出粉丝特征，从而在视频内容的制作和直播带货的过程中，更加贴近群体特色和地方特征。

在"粉丝画像"板块中还有很重要的一部分，那就是"粉丝标签分布"选项区，如图7-9所示。在快手账号的运营过程中，要想提升短视频内容的播放量和直播带货的效果，就必须了解粉丝的兴趣爱好分布，否则做出来的内容和观众的需求脱离，自然就不会有人观看。

从图中粉丝的标签分布来看，粉丝感兴趣的大部分是"美女""唱歌"和"厨艺"3个方面。因此，在制作视频内容时，运营者可以将这3个方面作为主要的内容。也可以将其结合起来，比如美女唱歌、美女做饭、美女边唱歌边做饭等内容，都有机会吸引到更多观众。

粉丝标签分布
22.18%
14.22%
9.57%
5.12%
4.38%
3.78%
3.2%
2.59%
2.33%
2.26%

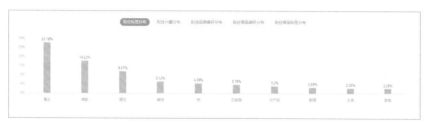

图 7-9　“粉丝标签分布”选项区

7.1.3　账号视频数据

在“视频数据”页面的“视频作品”板块中，可以查看近 7 天到近 180 天的数据统计。如图 7-10 所示，显示了近 30 天视频的数据情况，包括“视频数”“播放数”“点赞数”“评论数”以及“分享数”等。

视频作品
视频分析
今日
昨日
近7天
近15天
近30天
近90天
近180天
2022-01-31 - 2022-03-01
数据统计
总数
平均数
视频数
5
播放数
627.2w
点赞数
14.1w
评论数
2.6w
分享数
3.8w

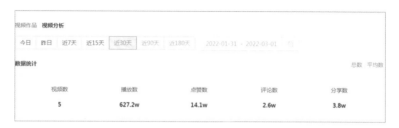

图 7-10　“视频作品”板块

在“视频作品”板块的下方是“视频列表”板块，如图 7-11 所示。用户在此处可以通过搜索关键词查找视频。下方的“视频信息”选项区包含单个视频的“发布时间”“播放数”“点赞数”“评论数”等数据情况。

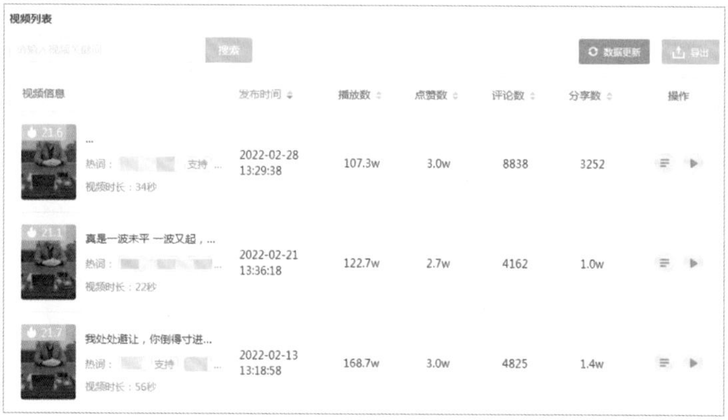

视频列表
搜索
数据更新
导出
视频信息
发布时间
播放数
点赞数
评论数
分享数
操作
热词：
支持
视频时长：34秒
2022-02-28 13:29:38
107.3w
3.0w
8838
3252
真是一波未平 一波又起，...
热词：
视频时长：22秒
2022-02-21 13:36:18
122.7w
2.7w
4162
1.0w
我处处避让，你倒得寸进...
热词：
支持
视频时长：56秒
2022-02-13 13:18:58
168.7w
3.0w
4825
1.4w

图 7-11　“视频列表”板块

想要进一步了解视频，则可以单击"操作"栏中的"播放"按钮 ▶，查看视频内容；单击"操作"栏中的"详情"按钮 ≡，可以查看视频数据详情，如图 7-12 所示。

在视频"详情"页面中，第一个板块是核心数据一览，包括"视频数据"和"视频数据对比"两个选项区。"视频数据对比"选项区是该视频的数据与快手达人视频的平均数据对比，可以帮助运营者分析视频数据在整个行业中的位置。

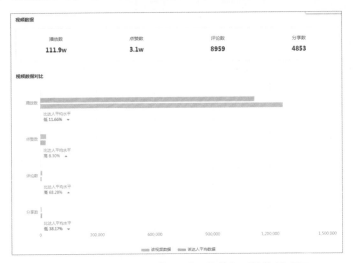

图 7-12　"视频数据"和"视频数据对比"选项区

在视频"详情"页面中，第二个板块是"评论分析"板块，如图 7-13 所示。"评论分析"板块包括"评论热词 Top10"和"评论词云"两个选项区，在"评论热词 Top10"选项区检索了该视频最常出现的 10 条评论关键词，能帮助运营团队分析观众对该视频的关注重点、疑问和需求。

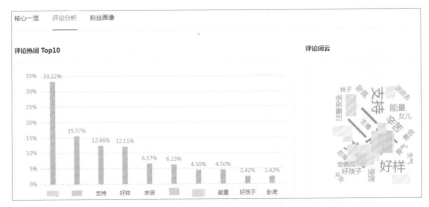

图 7-13　"评论分析"板块

7.1.4 账号直播数据

"直播数据"页面包含"近期直播""直播趋势"和"投放分析"3个板块，可帮助运营者对直播数据进行详细的分析。

在"近期直播"板块中，可以直观分析播主的直播情况，如选择相关日期查看对应的直播，筛选出挂榜或者带货直播。单击"详情"按钮，还可以查看对应的直播场次详情，对相关直播场次进行详细的数据分析。

"直播趋势"板块提供播主近7天到近90天的人气峰值、带货趋势、送礼人数趋势、礼物价格趋势、弹幕互动趋势及直播时长趋势的变化情况，部分数据如图7-14所示。

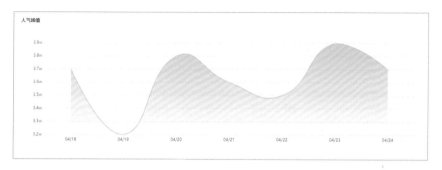

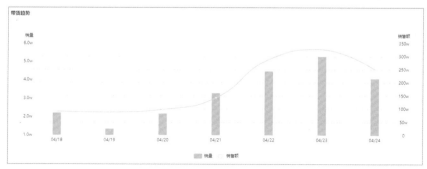

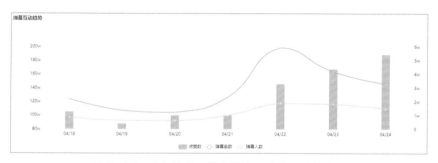

图 7-14　人气峰值、带货趋势和弹幕互动趋势图

"投放分析"板块展示了直播的综合指数情况，如"开播指数""商品舆情指数""成交指数""礼物指数"等数据，帮助运营者多维度地对数据进行全面分析，如图 7-15 所示。

图 7-15　"投放分析"板块

7.1.5　账号推广商品

"推广商品"页面可以帮助运营者快速了解账号的变现能力，其中"商品信息"板块提供了近 7 天到近 90 天的推广商品数据统计和商品分类 Top5 的分布情况，如图 7-16 所示。

图 7-16　"商品信息"板块

"商品信息"板块中的"数据统计"选项区包含"商品数""客单价""销量"以及"销售额"的数据情况。从"商品分类分析"选项区可以看出该账号销量最多的是护肤品，远超其他商品。还可以在下方"商品列表"选项区中选择相关商品，单击"操作"栏中的"详情"按钮查看单个商品的详细数据。

7.1.6 账号对比分析

飞瓜数据快手版提供的"播主对比"功能可实现多账号的全面数据对比，包括账号基础数据对比、快手电商数据对比，能够全面地了解各账号之间的数据差异，为后续的运营提供数据基础。

在"工作台"页面中，单击"播主查找"栏目，选择"播主对比"功能即可进入对比页面，如图 7-17 所示。

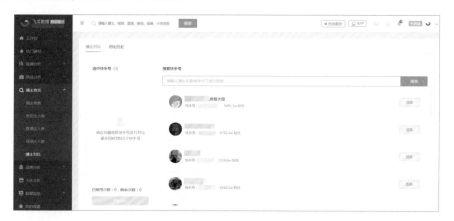

图 7-17 "播主对比"页面

在页面搜索框中输入需要对比的快手账号播主名称或者快手号，单击"搜索"按钮，出现搜索结果后，选择需要对比的两个账号，单击"开始对比"按钮就可以进行对比了，如图 7-18 所示。

图 7-18 单击"开始对比"按钮

在对比结果页面中，可以对基础数据和电商数据进行对比。基础数据对比包括"总粉丝数""飞瓜指数""粉丝画像"等内容，如图 7-19 所示。

	基础数据对比	
快手号		
快手ID		
总粉丝数	5119.6w	5073.7w
飞瓜指数	1382.0	1371.2
行业标签	生活	搞笑
行业周榜单	生活排行榜周榜 第 1 名	搞笑排行榜周榜 第 1 名
90天内发布作品数	2	18
90天内直播数	14	88
粉丝画像（性别比）	男性 女性 48.37% 51.63%	男性 女性 80.42% 19.58%
评论热词	支持 回家	支持 粉丝

图 7-19　对比基础数据

电商数据对比包括"带货直播数""带货直播场均观众""带货直播场均销量"以及"带货直播场均销售额"等数据，如图 7-20 所示。通过电商数据的对比，可以帮助运营者分析相同行业下两个账号的运营状况，也可以为品牌商家在挑选带货主播提供帮助。

	电商数据对比（时间维度近90天）	
快手小店开通情况	已开通	已开通
带货直播数	6	23
带货直播场均观众	100001	85261
带货直播场均销量(估)	2488999	119536
带货直播场均销售额(估)	¥371806900.00	¥139605400.00
商品平均价格	¥621.40	¥577.12
直播所带商品数	164	397
所带商品品类分布	彩妆 厨卫家电 护肤 家居家纺 美食饮品 母婴用品 男装女装 其他 汽车 日用百货 手机数码 鞋帽箱包 养生保健 珠宝配饰	彩妆 厨卫家电 户外运动 护肤 花鸟宠物 家居家纺 美食饮品 母婴用品 男装女装 其他 汽车 日用百货 手机数码 书籍 玩具 鞋帽箱包 养生保健 游戏 珠宝配饰

图 7-20　对比电商数据

7.2 快手的直播带货分析

直播间中的每个行为都会产生数据，对所有运营团队来说，分析直播带货数据的价值和意义都是巨大的。它可以帮助运营团队发现规律，让直播流程变得更加精细；纠正错误，避免继续犯错；将经验转化为经营能力。本节将为大家介绍快手短视频平台的直播带货数据分析方法。

7.2.1 实时直播数据分析

在飞瓜数据快手版平台的"工作台"页面中，单击"直播分析"按钮，可以看到子栏目中有多种直播分析功能和数据，例如"直播搜索""实时热门直播""直播数据大盘"以及"带货直播榜"等子栏目。

单击"实时热门直播"按钮，可以查看当前热门直播间的实时数据。这些数据有"人气峰值""预估销量"和"预估销售额"3种排序方式，如图7-21所示。

图7-21 "实时热门直播"页面

单击"实时大屏"按钮，即可查看当前直播的实时数据，如图7-22所示。

图7-22 "实时大屏"页面

"实时大屏"页面显示当前直播间数据的实时记录，每3秒钟更新一次，包括"观众性别分布""观众年龄分布""预估销售额""商品列表"等维度的数据实时更新。主播可以在直播过程中实时监控直播间的数据,利用数据来优化直播流程和服务,提升直播效果和收益。

单击"直播大盘数据"按钮,进入"直播大盘数据"页面,用户可以更快速地了解和掌握快手的直播大盘动态。"直播大盘数据"页面分为"实时直播动态""带货直播趋势""直播商品分析""直播观众画像"4个板块。

1. 实时直播动态

"实时直播动态"板块中的数据每60秒钟更新一次,统计当前时间下的快手"直播热度""带货直播热度""实时观众热度"以及"上架商品热度"的数据,可实时掌握流量变化趋势,了解直播间卖货风向,如图7-23所示。

图7-23 "实时直播动态"板块

2. 带货直播趋势

"带货直播趋势"板块分为两个部分,第一部分是销售趋势图,其中统计了所选商品分类和日期区间内的带货直播商品预估销量和预估销售额。如图7-24所示是近7天美妆护肤类的商品销售情况,其中在2021年6月13日,该类目的商品销售达到了一个高峰。

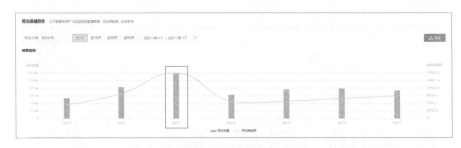

图7-24 销售趋势图

"带货直播趋势"板块第二个部分是推广趋势图,其中统计了所选商品分类和日期区间内的带货直播商品关联主播数、关联直播场次及推广商品数。如

图 7-25 所示是近 7 天美妆护肤类的商品推广情况，其中在 2021 年 6 月 14 日，该类目的商品推广处于一个小低谷。

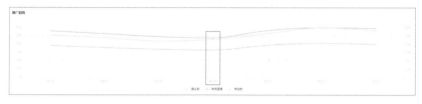

图 7-25　推广趋势图

7.2.2　直播数据复盘分析

在"直播详情"页面中不仅可以查看直播间人气数据，还可以通过带货商品数据，定位直播间热销商品，判断直播间带货能力。

在"直播分析"栏目中，有"带货直播榜"和"直播热度榜"两个子栏目。榜单是当前的热门直播间，单击"带货直播榜"按钮即可查看榜单主播排名和直播间数据，如图 7-26 所示。其中包括"推广商品分类""人气峰值""预估销量"以及"预估销售额"等数据。

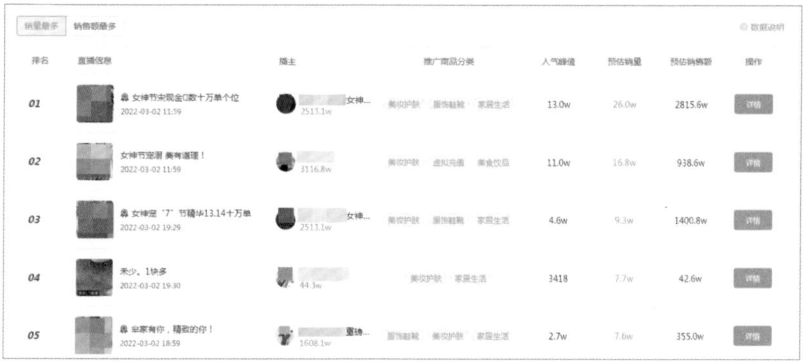

排名	直播信息	播主	推广商品分类	人气峰值	预估销量	预估销售额	操作
01	女神节夹现金口袋十万单个位 2022-03-02 11:59	女神… 2513.1w	美妆护肤 服饰鞋靴 家居生活	13.0w	26.0w	2815.6w	详情
02	女神节宠爱 美丽道理！ 2022-03-02 11:59	3116.8w	美妆护肤 虚拟充值 美食饮品	11.0w	16.8w	938.6w	详情
03	女神宠 '7' 节精华13.14十万单 2022-03-02 19:29	女神… 2511.1w	美妆护肤 服饰鞋靴 家居生活	4.6w	9.3w	1400.8w	详情
04	未少，1快多 2022-03-02 19:30	44.3m	美妆护肤 家居生活	3418	7.7w	42.6w	详情
05	小家有你，精致的你！ 2022-03-02 18:59	夏诗… 1608.1w	服饰鞋靴 美妆护肤 家居生活	2.7w	7.6w	355.0w	详情

图 7-26　"带货直播榜"页面

选择一个想了解的主播直播间，单击右侧"操作"栏中的"详情"按钮，即可进入"直播详情"页面。页面中第一个板块是"数据概览"，如图 7-27 所示。通过图中数据可以看出该直播间在 19:30 ～ 00:00 共直播 4 小时 30 分钟，用户平均观看时长是 2 分 30 秒。"数据概览"板块中还包括当场直播的人气数据和带货数据，通过图 7-27 可以看出，在本场直播中播主的总共上架了 23 件商品，直播人气峰值达到了 4.1 万人次，礼物收入为 2.2 万快币，弹幕条数为 4 万条。

"直播详情"页面第二个板块是"推广商品"，在其中可以看到主播在直播期间的排名 Top5 的商品数据情况，如图 7-28 所示。图中数据显示，这场直播的大多数热销商品都是美妆护肤类产品。

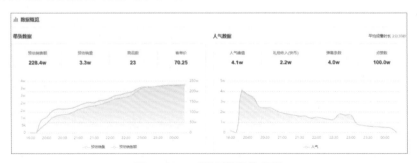

图 7-27　　"数据概览"板块

图 7-28　　"推广商品"板块

"直播详情"页面第三个板块是"观众画像"，如图 7-29 所示。

图 7-29　　"观众画像"板块

"直播详情"页面第四个板块是"人气数据"，其中记录了每两分钟直播互动数据的变化趋势，包括"礼物收入趋势""送礼人数趋势""弹幕条数趋势"和"弹幕人数趋势"的趋势图，帮助用户更清晰地了解直播走势，如图 7-30 所示。

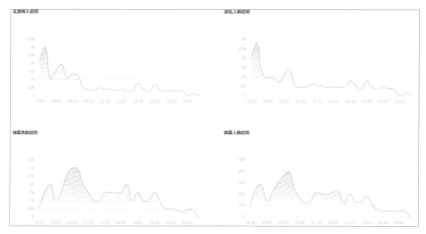

图 7-30 "人气数据"板块

"直播详情"页面第五个板块是"互动数据"，在其中可以查看直播中弹幕热词的分布情况，可根据弹幕了解到用户对商品的评价情况，如图 7-31 所示。

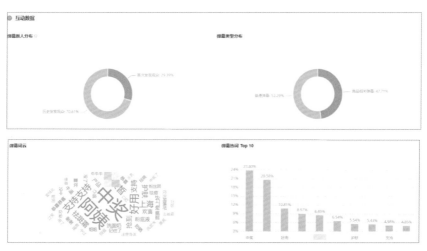

图 7-31 "互动数据"板块

每一场直播结束后，都需要及时做好数据的采集、处理和分析工作。通过分析每场直播数据，找出优点和不足，通过层层分解、综合评估得到相应的解决方案。利用数据深度挖掘用户背后的需求，提前布局，这个工作对提升粉丝的增长和商品销量的转化有很大帮助。

7.2.3 直播数据对比分析

通过飞瓜数据平台快手版的"直播间对比"功能，可实现对相关直播场次全面数据的对比，包括直播基础数据对比、数据概况对比、带货数据对比及互动数据对比，让你更全面地了解不同直播间的数据差异，分析不同播主的直播间热度及直播带货情况。

在"工作台"页面中，单击"直播分析"栏目，选择"直播对比"功能，即可进入"直播间对比"页面。在对比页面搜索框中输入需要对比的快手账号的播主名称，单击"搜索"按钮，出现搜索结果后，选择需要做对比的账号添加到对比列表中；单击"开始对比"按钮就可以进行对比了，如图7-32所示。

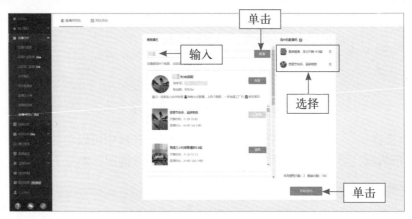

图7-32　单击"开始对比"按钮

在对比结果页面中，可以查看两个直播间的数据概况、带货数据以及互动数据的对比情况。直播数据概况主要包括"直播时长""人气峰值"以及"快币收入"等数据的对比，如图7-33所示。

数据概况		
直播时长	5小时4分34秒	5小时3分53秒
人气峰值	6.2w	4.5w
销量（预估）	25.8w	12.4w
销售额（预估）	1063.5w	563.3w
快币收入	1.9w	1.6w

图7-33　"数据概况"对比页面

互动数据对比包括"点赞数""送礼人数""弹幕人数""弹幕条数""观众画像"及"弹幕热词"的数据，如图7-34所示。

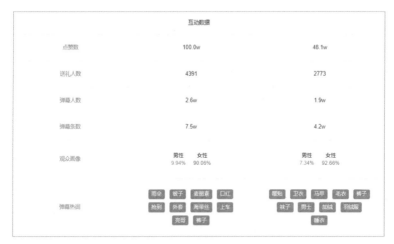

图7-34 "互动数据"对比页面

从这两个直播间的对比数据可以看出，在两个直播间人气峰值相差不大的情况下，第一个直播间的销量和销售额几乎是第二个直播间的两倍。从中可以分析出第二个直播间的直播带货能力与第一个直播间相比，能力略显不足。因此，第二个直播间可以选择更换主播、调整商品等方式来提高直播带货的效益。

7.3 快手的商品数据分析

商品选择是直播带货过程中的关键一环，通过数据分析可以精准定位实时爆款商品，找到拥有极强带货力的商品。

在"商品分析"中推出了两个榜单，分别在"实时爆品"和"热门商品榜"两个栏目中，两个榜单都可以作为选择快手火爆商品的参考。

以热门商品榜单为例，单击"热门商品榜"按钮，可以看到排名靠前的商品信息，如图7-35所示。快手热门商品榜按照销量或者销售额进行排序，还可以选择查看日榜、周榜和月榜等不同时间段的商品排名。

想要进一步了解商品的信息和带货数据，可以单击"操作"栏中的"详情"按钮，进入"数据概览"页面。在"数据概览"页面，可以快速了解近7天到近90天的"关联博主""关联直播""预估销量"和"预估销售额"的数据。

接下来是商品的销售趋势图和推广趋势图，如图7-36所示。

图 7-35　"热门商品榜"页面

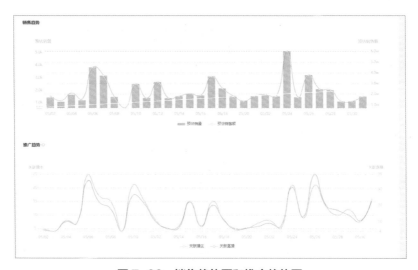

图 7-36　销售趋势图和推广趋势图

通过这两张趋势图运营者可以对数据之间的关系做出更精准地判断。从图中可以看出，商品基本上处于稳定运营的状态，这说明很多人都在快手中进行跟进推广，也从侧面说明该商品是适合快手直播带货。

当对商品有了基础的了解之后，可以在"关联播主"页面查看商品关联播主的行业分布、预估带货销量、预估销售额等数据，如图 7-37 所示。然后通过"播主列表"板块可以查看近 30 天带货销售额最多的播主，点击关联直播的"查看"按钮可以查看该播主带货该商品所关联的直播场次有哪些；单击"详情"按钮还可以对对应的直播场次进行详细分析。

通过"播主列表"板块可以查看近 30 天带货销售额最多的播主，在"关联直播"页面找到该播主带货商品所关联的直播场次，单击"操作"栏中的"详情"按钮就可以对该直播场次进行详细的数据分析。当然，还可以在"观众画像"和

"同类热销商品"页面对商品的数据进行进一步的分析。

图7-37 "关联播主"页面

对商品进行数据分析，运营者可以在带货商品的实践中找到新思路，从而制作更有创意的短视频和直播内容。

第 8 章

小红书：实现品牌营销投放的新增长

小红书的主要用户是热爱分享生活的偏年轻化群体，小红书利用社交网络高效地进行推广，吸引大量用户注册，从而建立自营电商购物平台。社交内容与电商相结合，帮助小红书在市场竞争中取得一席之地。小红书作为一个新兴的电商平台，商家利用数据分析实现品牌营销投放的增长才是关键。

本章将教大家利用数据分析小红书电商的发展趋势以及掌握品牌营销的发展方向！

- 小红书的达人数据分析功能
- 小红书的内容数据分析功能
- 小红书的营销数据分析功能

8.1　小红书的达人数据分析功能

小红书的品牌商家必须学会借助达人的种草效应为商品引流，想要抢占小红书的流量，就需要一个优质达人来帮忙打造平台口碑。因此，商家可以借助达人数据分析来挑选合适的达人，再利用千瓜数据平台实现全面的数据分析。

千瓜数据平台是专业的小红书数据分析工具，它拥有实时的最新数据和客观数据的来源，能提供小红书大盘数据、多维度榜单、品牌营销投放等多重数据。如图 8-1 所示为千瓜数据平台的"工作台"页面，其中包括"数据大盘""小红书投放""小红书运营""小红书直播"等功能。

图 8-1　"工作台"页面

8.1.1　达人搜索功能

达人搜索功能可以帮助品牌商家寻找优质达人，包括达人搜索、达人详情和达人对比 3 个部分的内容。

1. 达人搜索

在千瓜数据"工作台"页面中，单击左侧的"小红书投放"→"达人搜索"按钮，即可进入"达人搜索"功能页面，如图 8-2 所示。品牌商家可以按照关键词进行搜索，在搜索栏中输入达人关键词或者小红书 ID 即可找到相关达人。也可以按照笔记内容进行搜索，在搜索栏中输入笔记内容关键词（如连衣裙）或者笔记链接搜索发布过相关笔记的达人。

然后通过达人属性进行筛选，其中包括"达人分类""达人属性""粉丝总数"和"粉丝人群"4 种不同属性，通过品牌方的客户人群来挑选目标达人。

图 8-2　"达人搜索"功能页面

用属性筛选出来的达人，根据"千瓜指数""粉丝数""赞藏总数"等数据进行排名，如图 8-3 所示。其中包含账号"实时报价"等信息，品牌商家根据自身需求在其中可以快速找到目标达人，实现精准投放。

图 8-3　达人账号排名

2. 达人详情

想要进一步了解达人的账号数据，可以单击该达人账号右侧的"查看详情"按钮，进入"达人分析"页面，如图 8-4 所示。在"数据趋势"板块中可以查看近 7 天到近 180 天的数据新增情况，通过其中的"新增笔记""粉丝增量""点赞增量""收藏增量"等数据，能快速掌握达人近期核心数据。

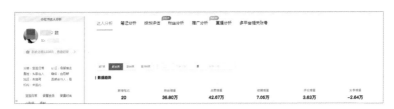

图 8-4　"达人分析"页面

在"数据趋势"板块的下方可以查看粉丝、点赞、收藏和评论的趋势图，如图 8-5 所示。通过分析这 4 种数据的趋势图，能快速识别账号近期运营和发展的趋势，也能一眼识破达人账号是否存在灌水造假等情况。

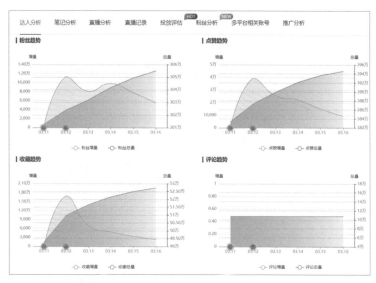

图8-5 粉丝、点赞、收藏、评论的趋势图

在"投放评估"页面中，可以综合评估达人的广告投放价值。其中包括"预估投放"和"达人投放报价"两个板块，如图8-6所示。"预估投放"板块显示达人账号的广告投放价值的综合得分，它是通过达人近30天的发文互动、信息完整度和平台活跃等情况由系统推算得出。账号的得分越高，说明该账号的投放价值越大。"达人投放报价"板块显示经过系统测算之后预估达人账号的报价情况。

图8-6 "投放评估"页面

通过分析粉丝人群、关注焦点、地域、年龄等数据特征，能进一步了解达人。在"粉丝分析"页面中可以查看达人账号粉丝的详细数据，如图8-7所示。寻

找与品牌或商品客户人群契合的达人进行投放，能实现"1+1 > 2"的投放效果。

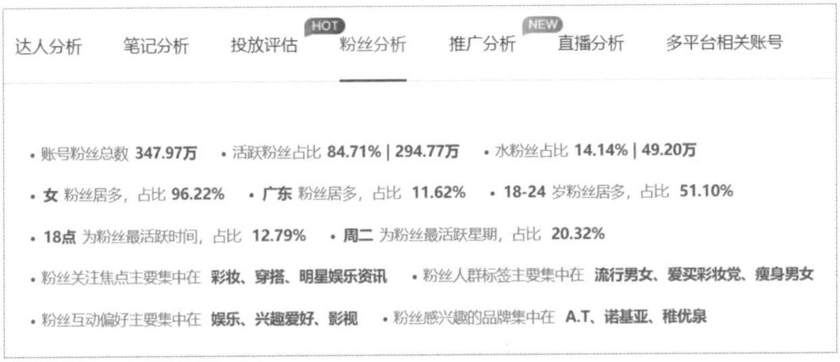

图 8-7　"粉丝分析"页面

　　活跃粉丝占比和水粉丝占比的数据可以帮助我们了解达人账号的运营状况，也能分析该账号的整体影响效果。通过粉丝地域分布、性别分布和年龄分布情况，可以分析达人粉丝群体是否符合需要推广的产品定位，便于进行更加精准的投放。

　　通过粉丝关注焦点和人群标签，可以分析达人背后的消费群体是否符合需要推广的产品定位，利于找到"对的人"替产品说话。通过分析粉丝互动偏好和品牌偏好，可以深度洞察目标用户的行为习惯和营销痛点、痒点，实现精准投放。

　　在"粉丝分析"页面还可以通过分析与达人粉丝重合度较高的达人排序，快速了解粉丝关注的达人类型。通过多方面数据，综合评估达人账号质量，如图 8-8 所示。

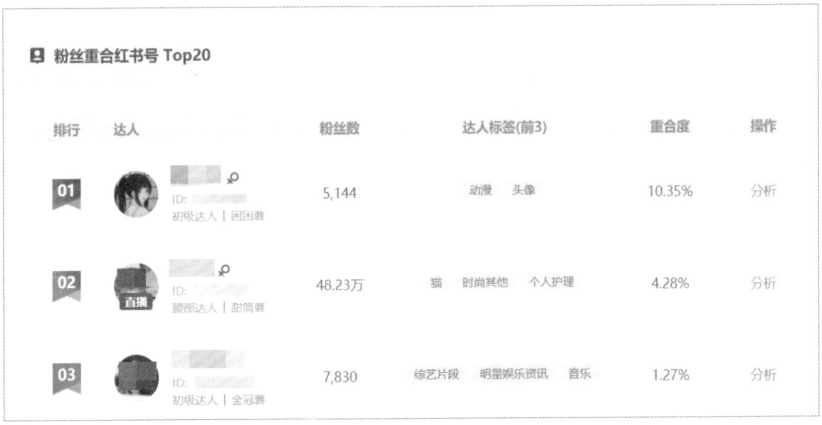

图 8-8　"粉丝重合红书号 Top20"板块

3. 达人对比

在"达人搜索"页面可以直接选择或者筛选达人后进行数据对比；或者单击

页面右侧"对比"按钮；单击"添加达人"按钮，搜索添加达人进行数据对比，如图8-9所示。

图8-9 勾选"达人对比"按钮、单击"添加达人"按钮

进入"达人对比"页面之后，可以看到两个账号数据对比的详细情况，如图8-10所示，其中包括"基础信息对比""运营数据对比"以及"作品数据对比"等方面的对比情况。还可以根据需求，单击后面的"添加达人"按钮添加新的达人进行数据对比。达人对比可以帮助我们评估两个账号的质量，选择更优质的合作对象。

图8-10 "达人对比"页面

8.1.2　直播达人搜索功能

为了针对已开通直播的小红书达人进行直播达人搜索，单击左侧的"小红书直播"→"直播达人搜索"按钮，即可进入"直播达人搜索"功能页面，如图8-11所示。通过达人名称 ID 或结合达人属性与直播数据条件进行检索，能展示相关直播数据和电商数据，快速找到与品牌商品契合的达人并进行合作。

图 8-11　"直播达人搜索"页面

根据条件筛选出来的达人，可以用"场均观看最多""互动率最高""场均带货最多""商品点击率最高"和"客单价最高"进行排序。筛选出来的达人账号数据包括"场均观看人数""互动率""场均带货商品量""商品点击率"以及"客单价"等数据，如图8-12所示。根据这些数据，可快速找到目标达人，实现精准投放。

图 8-12　达人账号数据

单击右侧的"直播分析"按钮，可进入"直播分析"页面，其中包含"直播数据""带货直播数据"和"直播列表"3 个板块,如图 8-13 所示。"直播数据"板块提供了"直播场次""场均直播时长""场均人气值""场均观看人数""场均峰值人数"和"场均活跃观众"等数据。

图 8-13 "直播分析"页面

而"带货直播数据"板块增加了"场均带货商品数""场均商品点击率"和"客单价"等数据。这些数据可以帮助我们综合评估达人的直播投放价值,以便快速掌握达人直播历史数据及直播带货历史数据。

在"直播列表"板块中,可以查看单场直播的数据记录,其中涵盖了"人气值""观看总数"以及"峰值人数"等数据,如图 8-14 所示。单击"操作"栏中的"详情"按钮,可以快速了解单场直播的数据增长趋势,有利于进一步评估直播的效果。

图 8-14 "直播列表"板块

8.1.3 MCN 机构搜索功能

MCN 机构的全称是 Multi-Channel Network,其本质是网红孵化中心，是专门培养和扶持网红、达人的经纪公司或者机构。单击左侧的"小红书MCN"→"MCN搜索"按钮，即可进入"MCN搜索"功能页面，如图8-15所示。

品牌商家可以输入MCN机构名称或者关键词进行搜索，也可以根据MCN机构的达人主要分类、达人粉丝总量、签约达人总数和机构所在省份等数据进行筛选，以便找到专业的MCN进行合作，保障内容投放质量，节省企业运营成本。

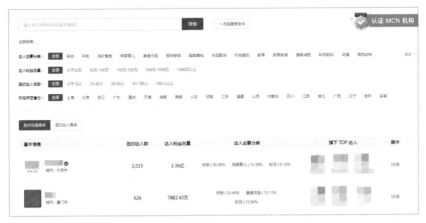

图8-15 "MCN搜索"页面

搜索或者筛选结果出来之后，我们可以看到MCN机构的基本信息，其中包括"签约达人数""达人粉丝总量"以及"达人主要分类"等。单击"操作"栏中的"详情"按钮，可查看MCN机构的详细信息，其中包含"签约达人"和"商业合作"两个板块。在"签约达人"板块中，近30天签约达人数量趋势图是需要特别重视的数据，通过它可以判断该机构是否处在稳定的运营中，如图8-16所示。

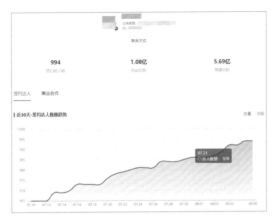

图8-16 "签约达人"板块

8.2　小红书的内容数据分析功能

社区内容是小红书的核心所在，通过对小红书的内容进行数据分析，可以帮助我们抓住流行趋势，获得大量的曝光度和关注度，有利用流量进行变现。

8.2.1　投放管理数据分析

单击左侧的"小红书投放"→"投放管理"按钮，即可进入"投放管理"功能页面。在"投放管理"页面"核心一览"板块中，可以查看投放笔记的核心数据，包括"笔记数""点赞总数""收藏总数""评论总数"和"投放总费用"等，以便依据客观数据不断优化投放策略。在"投放记录"板块中提供了笔记的投放记录，可以根据笔记分类和达人分类进行筛选，如图 8-17 所示。

图 8-17　"投放管理"页面

8.2.2　竞品投放数据分析

关注竞品投放的数据可以帮助品牌商家判断市场动态，提前预知竞争品牌的投放策略，从而有针对性地部署策略。竞品投放数据分析主要包括竞品投放监控和竞品投放对比两方面的内容。

1. 竞品投放监控

单击左侧中的"小红书投放"→"竞品投放监控"按钮，即可进入"竞品投放监控"功能页面，在此可以对竞品品牌及商品进行全天候、多平台监控。将竞品添加到监控任务栏中，就可以查看实时的竞品数据，主要是包括"数据概览"和"相关笔记数据趋势"两方面的数据，如图 8-18 所示。

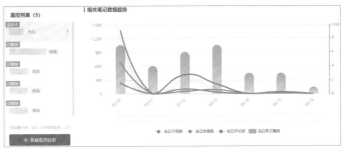

图8-18　"数据概览"和"相关笔记数据趋势"板块

2. 竞品投放对比

单击左侧的"小红书投放"→"竞品投放对比"按钮，即可进入"竞品投放对比"功能页面。在此处，根据配置的品牌词或商品关键词，通过 AI 智能分析其在各平台的投放效果，并且生成对比报告，使人全面了解竞品的营销策略。

按照"竞品投放对比"页面的提示选择对比的品牌、平台和时间范围，单击"生成对比报告"按钮即可。生成报告后，可在线查看或是生成 PDF 格式报告后进行数据查看，如图 8-19 所示。报告从"传播效果对比""热门笔记对比""达人属性对比""推广达人对比"和"舆情意向对比"5 个方面对比分析竞品投放策略。

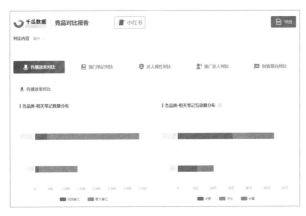

图8-19　"竞品对比报告"页面

8.2.3 热门笔记数据分析

在左侧"小红书运营"栏目中，从"热门笔记"和"实时笔记榜"两个子栏目分别可以查看近期的热门笔记和最新的热门笔记。通过分析热门笔记的数据，可以帮助我们找到当下的流行趋势以及用户的喜爱偏好。

以"热门笔记"栏目为例，进入"热门笔记"页面后，可以看到笔记的排名和基本信息，基本信息包括"互动量""点赞"以及"收藏"等数据，如图 8-20 所示。

图 8-20 "基本信息"页面

想要进一步了解笔记数据，可以单击"操作"栏中的"分析"按钮进入笔记的"核心一览"页面。该页面中比较重要的数据是数据概览和笔记数据增长趋势图，如图 8-21 所示。

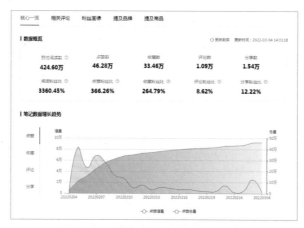

图 8-21 数据概览和笔记增长趋势图

8.2.4 笔记监控数据分析

在"笔记监控"功能页面中，可以对小红书笔记的点赞数、收藏数和评论数进行实时监控，它支持分钟级的数据监测，能真实反馈投放效果。

　　按照"笔记监控"页面中的步骤提示选择监控方式、输入监控笔记链接以及监控时长，单击"开始监控"按钮即可。监控完成后，通过详情可以获取达人笔记监控数据，如图 8-22 所示。拖动增量趋势图下方白色按钮 ⊋ ，可查看分钟级数据变化趋势，让数据增长情况一目了然，以便全面地了解笔记发布效果。就这样，通过不断地筛选，沉淀出一批符合品牌调性的达人，让品牌方拥有属于自己的优质流量来源。

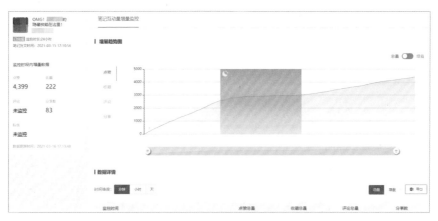

图 8-22　　"笔记互动量增量监控"页面

8.3　小红书的营销数据分析功能

　　小红书的运营者在品牌的运营和营销过程中必须要有强大的数据支持和调研分析能力，以便掌握用户在小红书上的最新动态，更加精准地对商品的特点进行宣传，完善营销策略。在投放品牌之后运营者要能实时监控和随时优化，并利用数据分析提升投放效果。

8.3.1　数据大盘功能

　　数据大盘功能包括行业流量大盘、行业达人大盘、品牌投放大盘 3 个部分。

1．行业流量大盘

　　行业流量大盘用于市场宏观监测，展示小红书近 7 天到近 90 天各品类笔记发文的趋势，帮助运营者更好地了解品牌发展，洞察变化趋势。

　　在"行业流量大盘"页面，选择行业大类和二级分类后，就可以查看当前行业的数据。第一个板块是"数据概览"板块，包括"推广笔记篇数""笔记点赞总数""笔记评论总数""笔记收藏总数"和"平均互动量"等数据，如图 8-23

所示。

数据概览					
	推广笔记篇数	笔记点赞总数	笔记评论总数	笔记收藏总数	平均互动量
相对占比	8.03%	5.32%	8.36%	5.40%	--
当前周期	**49.71万** ▲11.39%	**3057.28万** ▲11.14%	**544.28万** ▲11.56%	**1481.70万** ▲20.79%	**102** ▲2.00%
上一周期	44.63万	2750.91万	487.89万	1226.65万	100

图 8-23　"数据概览"板块

"数据概览"板块下方是"笔记数据趋势"板块，它通过趋势图表现不同行业品类在小红书上的数据变化趋势，如图 8-24 所示。

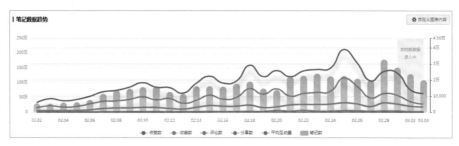

图 8-24　"笔记数据趋势"板块

在"行业流量大盘"页面中，还可以通过"不同行业品类占比""细分品类占比"以及"热门品牌"等板块，快速了解当前行业中最受关注的品类以及商品。通过"评论热词"和"受众分析"板块，能发现用户关注焦点，以便更好地了解当前行业市场，为品牌推广投放进行布局。

2. 行业达人大盘

行业达人大盘统计并展示了小红书各行业发布过种草内容的不同粉丝量级达人数量、推广笔记篇数和推广笔记的赞藏评数据。用户可根据需求，选择近 7 天到近 90 天或按周、按月的时间范围进行查看，实时掌握小红书平台达人种草的第一手大盘数据，如图 8-25 所示。

	种草达人总数 ⑦	推广笔记篇数 ⑦	笔记点赞总数	笔记收藏总数	笔记评论总数
相对占比	32.39%	21.35%	16.15%	18.35%	24.11%
当前周期	**103** ▲25.61%	**287** ▲14.80%	**76.98万** ▲16.53%	**27.63万** ▲0.19%	**7.05万** ▲39.89%
上一周期	82	250	66.06万	27.58万	5.04万

图 8-25　"行业达人大盘"页面

在"行业达人大盘"页面中，还可以通过达人数据趋势和笔记数据趋势折线图，查看具体到某一天的达人和笔记的数据以及趋势，详细了解小红书达人种草数据的具体趋势变化，如图8-26所示。此外，在"行业达人大盘"页面能查看相关达人Top500，方便用户快速对标具体达人，了解其在行业大盘中的影响力，使其能为后续品牌达人投放提供参考。

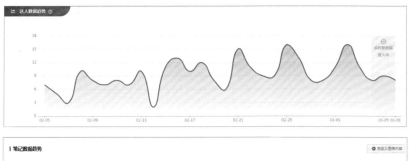

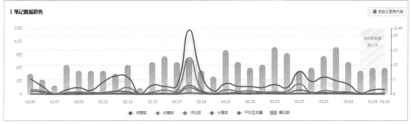

图8-26　达人数据和笔记数据趋势图

3. 品牌投放大盘

品牌投放大盘统计并展示了近24小时小红书参与投放的品牌、商业笔记篇数、笔记互动总量、平均互动量和预估投放费用等投放数据和趋势，如图8-27所示。它能够进行市场宏观监测，进一步展示小红书平台的影响力，同时能更好地了解品牌发展。

图8-27　"品牌投放大盘"页面

8.3.2　热搜词搜索功能

　　热搜词搜索功能可以帮助运营者了解指定关键词在小红书上的热度，也能通过热搜词搜索功能获取相关数据。以关键词"口红"为例，单击左侧的"小红书运营"→"热搜词搜索"按钮，即可进入"热搜词搜索"功能页面。在搜索栏中输入关键词"口红"，单击"搜索"按钮即可进入关键词"口红"的"热词分析"页面，如图 8-28 所示。

图 8-28　关键词"口红"的"热词分析"页面

8.3.3　话题搜索功能

　　话题搜索功能可以帮助运营者了解小红书近期热门话题，获取话题相关数据，助力品牌营销和笔记布局，如图 8-29 所示。

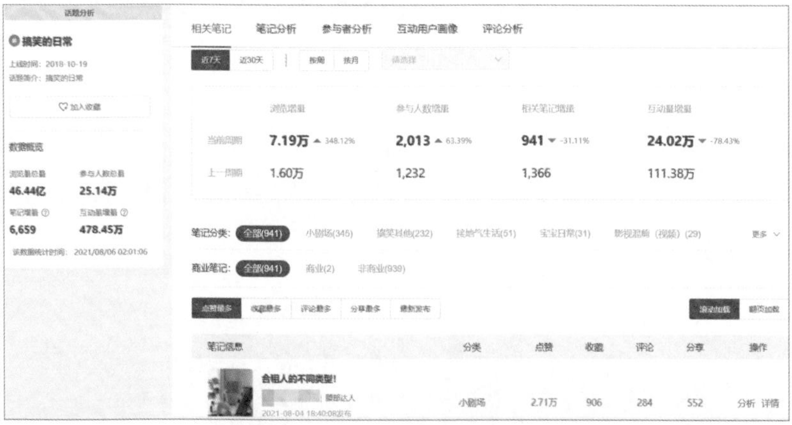

图 8-29　"话题分析"页面

8.3.4　舆情监控功能

　　舆情监控功能是根据配置的品牌或商品关键词，通过 AI 识别提示笔记及评论内容中与负面词相关的内容，及时发现负面舆情并预警提醒。舆情监控功能可以帮助运营者实时关注舆情变化，在适当的时候进行舆情干预，并能给予我们危机公关方面的指导建议。图 8-30 所示为"舆情监控"功能页面。

图 8-30　"舆情监控"页面

8.3.5　关键词对比功能

　　关键词对比功能是通过对品牌词及商品关键词进行多维度的数据对比，追踪竞品营销动态，查看竞品之间的全方位对比数据情况。图 8-31 所示为两款防晒霜的对比报告。

图 8-31　关键词对比报告

8.3.6　品牌搜索功能

品牌搜索功能可以针对不同品牌和品牌下不同商品的分类进行数据分析。以"口红"为例,单击左侧的"品牌投放分析"→"品牌品类搜索"按钮,即可进入"品牌品类搜索"功能页面。在搜索栏中输入关键词"口红",单击"搜索"按钮即可查看关键词"口红"的不同品牌的基础信息,如图 8-32 所示,其中包括"相关笔记数""笔记互动总量""相关笔记数增量"和"笔记互动增量"等数据。

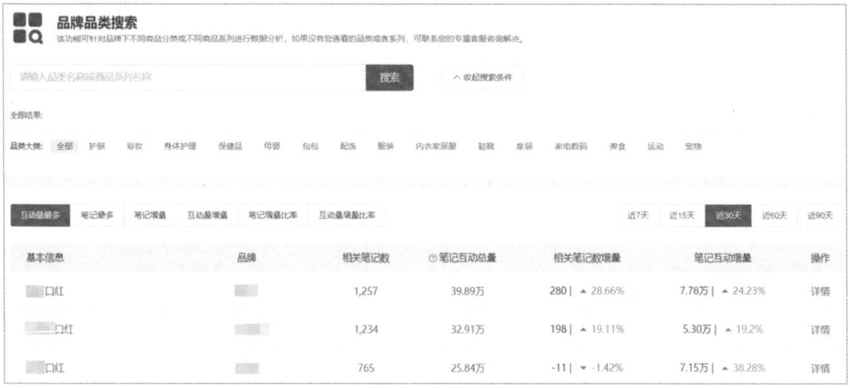

图 8-32　"品牌品类搜索"页面

达人们想要进一步了解不同品牌下口红的详细数据,可以单击"操作"栏中的"详情"按钮,进入"品牌品类分析"页面,其中提供了"相关笔记""互动增量""点赞总数""收藏总数"以及"收藏总数"等数据的当前周期与上一周期的对比,如图 8-33 所示。

图 8-33　"品牌品类分析"页面

我们还可以通过"达人分析""粉丝画像""种草舆情"和"相关竞品"4 个方面的数据分析竞品品类投放效果,以便更好地对自身品牌品类投放做出布局优化。

8.3.7　商品搜索功能

商品搜索功能包括商品搜索和品类分析两个部分，可以帮助了解小红书平台上的热门商品数据以及不同品类下的商品数据。

1．商品搜索

在"商品搜索"页面中，可以通过商品分类、价格等条件筛选竞品，也可以直接在搜索框中搜索指定商品。通过关键词搜索出来的商品，可以通过"互动量最多""笔记最多""直播最多"和"直播达人最多"等条件进行筛选，快速查看商品相关的"笔记总量""笔记互动总量""关联直播场次"和"关联直播达人"等数据，如图 8-34 所示。

图 8-34　"商品搜索"页面

单击右侧"操作"栏中的"详情"按钮，进入"小红书商品分析"页面，在此可以查看该商品的笔记赞藏评数据以及相关数据的种草笔记数据趋势，如图 6-36 所示。通过对商品的达人、直播和商城购买的数据进一步分析，可全面了解该商品在小红书的表现，掌握商品"种草"效果。

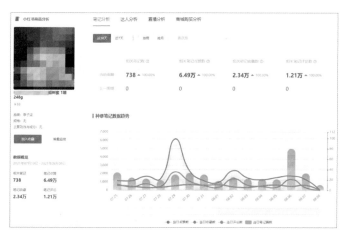

图 8-35　"小红书商品分析"页面

2. 品类分析

商品的品类分析功能可以针对商品的不同品类进行数据分析，对比竞品品类投放效果，能更好地对自身商品品类投放做出布局优化。在"我关注的品类"页面中可以查看关注商品品类的笔记增量、赞藏评增量和互动量趋势图，如图 8-36 所示。

图 8-36　"我关注的品类"页面

单击"查看数据分析"按钮进入"品类分析"页面，可以进一步对商品品类的数据进行分析，确认该商品品类目前在小红书中的表现状态是上升还是下降，如图 8-37 所示。在"品类舆情"页面中，可以了解该品类用户的关注点，以便更精准地进行推广。

图 8-37　"品类分析"页面

8.3.8　关键词数据导出功能

关键词数据导出功能是根据输入的关键词及条件，导出一段时间中提到关键词且符合预设条件的笔记、视频和图文报告。如图 8-38 所示为某品牌的关键词报告。

图 8-38　某品牌的关键词报告

8.3.9　"我的关注"和"我的收藏"功能

"我的关注"功能包括红书号关注、品牌关注和关键词关注 3 部分，用户可以根据需求直接在"关注的红书号"页面快速搜索并添加达人至关注列表，方便追踪达人动态、查看数据变化趋势与统一管理账号。除了能够查看账号的基本数据外，在此还可以查看今日和昨日对比数据的增减百分比，从而能更加直观地查看达人信息，如图 8-39 所示。

"我的收藏"功能包括"博主收藏""笔记收藏"以及"商品收藏"等内容，挑选优质账号进行收藏，能方便后续需要合作时快速找到账号。

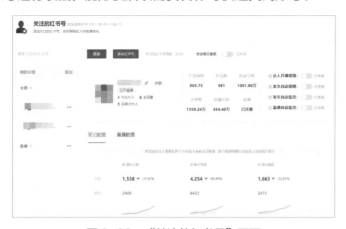

图 8-39　"关注的红书号"页面

第 9 章

B 站：挖掘潜力博主掌握热销商品趋势

电商的市场竞争犹如竞技场上的残酷决斗，尽管手中的底牌各不相同，但最终目的都是为了获得胜利。B 站作为国内领先的年轻人文化社区，虽然在电商领域还处于起步阶段，但拥有强大的用户黏性和流量是它的底牌，利用数据分析将流量变现是 B 站赢得这场决斗的关键。

本章将教大家利用数据分析挖掘 B 站电商的潜力博主以及掌握热销商品的发展趋势！

- B 站的内容创作数据分析
- B 站的运营涨粉数据分析
- B 站的营销推广数据分析

9.1 B 站的内容创作数据分析

B 站以专业用户自制内容出发，吸引观众点击视频并且点赞、收藏和投币，也就是常说的"一键三连"。因此，内容创作是 B 站运营的核心。利用数据分析，将内容与观众高效连接起来，才能够产生最佳的流量变现效果。

在 B 站运营过程中，由于后台的关键数据不全面，所以常常需要借助第三方数据平台进行数据分析。本章以火烧云数据平台为例为大家介绍。

如图 9-1 所示为火烧云数据平台的首页，左侧包括"B 站流量""UP 主查找""商单分析"以及"品牌营销"等功能栏目。

图 9-1　平台首页

9.1.1 今日热点数据分析

在火烧云数据"首页"页面中，单击左侧的"热点 / 素材"→"今日热点"按钮，即可进入"今日热点"页面，如图 9-2 所示。"今日热点"页面包括"科技""娱乐""社区""购物"和"财经"5 个板块，共有 752 个平台热点，它可以帮助 UP 主参考同行业或者其他行业的热点，激发创作灵感，并结合当下热点主题和自身特色，产出更优质的作品。

图 9-2　"今日热点"页面

9.1.2 视频素材数据分析

在火烧云数据"首页"页面中，单击左侧的"热点/素材"→"视频素材"按钮，即可进入"视频素材"页面。在"视频素材"页面中，是除了根据播放量对视频进行排序，并且还会展示"点赞数""投币数""收藏数"以及"评论数"等数据，如图 9-3 所示。

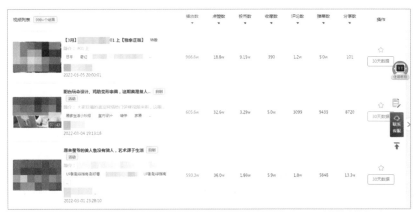

图 9-3　"视频素材"页面

在"视频素材"页面可以寻找 B 站近期热门的视频素材，参考这些优质视频的内容和标题，可以为我们制作视频和激活用户互动的过程中提供帮助。

9.1.3 爆款视频数据分析

在火烧云数据"首页"页面中，单击左侧中的"热点/素材"→"爆款视频"按钮，即可进入"爆款视频"页面。该页面主要展示了近 15 天数据飙升的视频排行，包括"新增播放""新增点赞""新增投币"以及"新增收藏"等数据的增量情况，如图 9-4 所示。它可以帮助 UP 主抓取榜单近期热点，以便结合热点制作视频。

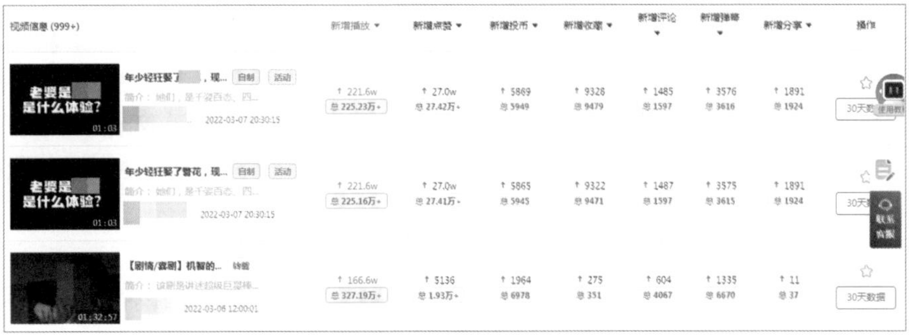

图 9-4　"爆款视频"页面

9.1.4 平台热榜数据分析

在火烧云数据"首页"页面中，单击左侧的"热点/素材"→"B站热榜分析"按钮，即可进入"B站热榜分析"页面。在"B站热榜分析"页面中，可以查看B站全站的视频榜单，如图9-5所示。在榜单中还可以查看视频内容、播放数、弹幕数和综合评分。

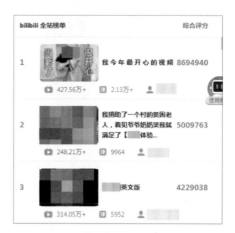

图9-5 "bilibili全站榜单"页面

在"B站热榜分析"页面中，还可以通过分析作品高频词，了解热门主题和用户偏好；通过分析作品分区占比，找到热门分区和B站流量分区权重，能帮助对比自身作品和分区热度；通过分析视频时长区间分布，参考高播放率的作品时长分布，能清楚作品时长对综合评分的影响；通过分析视频播放量分布，能了解播放量趋势以及播放量在综合评分所占的权重；通过分析视频发布时间分布，能了解发布时间的高峰和低谷，帮助判断用户活跃时间的分布，以便选择适合的发布时间。

9.2 B站的运营涨粉数据分析

B站是一个包容性很强的文化社区，其中不乏一些分享天马行空的想法和奇人异事的优质内容创作者。因此，在B站的运营过程中，站在数据的层面来解读和分析涨粉，能帮助用户对自己有清晰的定位，以便打造自身特色来运营涨粉。

9.2.1 热门活动数据分析

B站对活动有流量扶持，有的活动话题甚至能制造热点。所以，参加活动投稿视频有概率让用户的视频作品吸引到更多的关注和热度。

"热点 / 素材"→"B 站热门活动"页面中提供了 B 站近期热门的活动榜单。在榜单中可以查看活动的"参与作品分区""参与作品数""参与 UP 主数"和"总播放数"等内容和数据，如图 9-6 所示。

图 9-6　"B 站热门活动"页面

通过分析活动榜单的数据，可以从多维筛选活动，帮助分析不同活动的流量数据和竞争情况。也可以参考活动下数据靠前的作品主题、视频创作的角度和素材，打开视频内容制作的新思路。

9.2.2　热门标签数据分析

B 站会给用户推荐感兴趣的视频，这类视频是根据标题、标签、简介等内容来甄别推荐的。因此，在制作视频的时候，选择流量大且精准的标签，被搜索到的概率就会大大增加，从而获取更高的曝光，吸引更多的关注，最大程度上匹配到精准粉丝。

"热点 / 素材"→"B 站热门标签"页面中提供了 B 站近期热门的标签榜单。在榜单中可以查看标签的"浏览量""讨论量""订阅数""参与作品数""参与 UP 主数"和"总播放数"等数据，如图 9-7 所示。

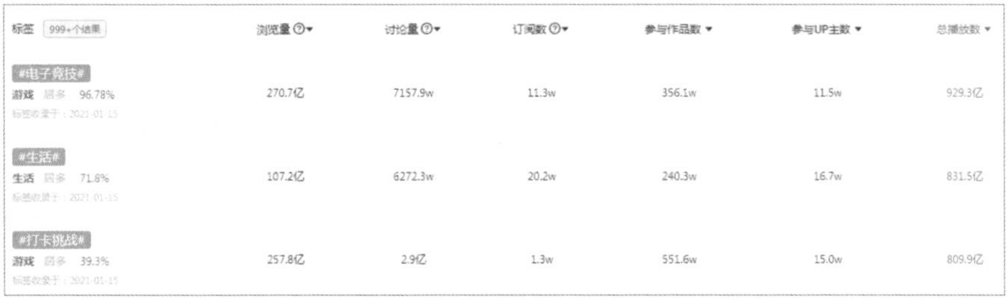

图 9-7　"B 站热门标签"页面

9.2.3　视频监测数据分析

在"数据监测"→"视频监测"页面中，可以对视频的数据进行实时监测和跟踪，帮助 UP 主查看视频实时数据。

按照"视频监测"页面中的步骤提示，选择监测类型，输入视频链接，选择监测时长，单击"开始监测"按钮即可，如图 9-8 所示。

监测完成后，在"历史监测"页面中查看视频数据，其中包括视频数据总览、互动数据趋势和万播数据趋势 3 个部分的数据。如图 9-9 所示为某视频的数据增量实时监测图，其中包含"万播涨粉""万播点赞""万播投币"以及"万播收藏"等数据的增长趋势。

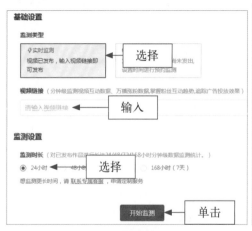

图 9-8　单击"开始监测"按钮

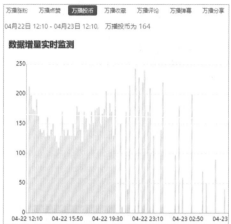

图 9-9　数据增量实时监测图

9.2.4　直播监测数据分析

在"数据监测"→"直播监测"页面中，可以对直播的数据进行实时监测和跟踪，帮助 UP 主查看直播中的实际效果，还能进行直播结束后的数据复盘。

按照"直播监测"页面中的步骤提示，选择监测类型、输入直播间链接，单击"开始监测"按钮即可。监测完成后，在"历史监测"页面中可查看直播数据，其中包括在线人数变化趋势、人气值变化趋势、粉丝量变化趋势等数据情况。如图 9-10 所示为某直播间的粉丝量变化趋势图。

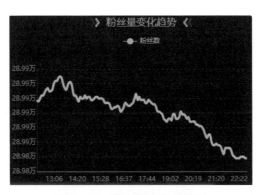

图 9-10　粉丝量变化趋势图

9.2.5　B 站流量数据分析

　　UP 主在 B 站运营的过程中，需要知道的一个技巧就是选择流量高峰时段和投稿量少的时间段投稿，这样能依靠大数据获取流量和涨粉。

　　在"B 站流量"→"大盘数据"页面中，记录了流量和涨粉的数据情况。"大盘数据"页面分为"总体概况""涨粉幅度分布""涨粉幅度对比""投稿 / 播放总量对比"和"百万粉 UP 数量对比"5 个板块。

1. 总体概况

　　在"总体概况"板块中，展示了"涨粉 UP 主占比""投稿 UP 主占比"以及"带货 UP 主占比"等数据和与上一统计周期的对比情况，如图 9-11 所示。

图 9-11　"总体概况"板块

2. 涨粉幅度分布

　　在"涨粉幅度分布"板块中，可以查看 UP 主涨粉幅度占比，如图 9-12 所示。图中数据显示，近期超过半数 UP 主的粉丝数是没有变化的，其余的 UP 主涨粉率和掉粉率基本上维持在 0 ~ 1% 之间。

3. 涨粉幅度对比

　　在"涨粉幅度对比"板块中，提供了不同分区 UP 主平均涨粉率的数据对比，如图 9-13 所示。图中数据显示，平均涨粉率最高的分区是舞蹈区，涨粉率最高 UP 主的涨粉率达到了 63.56%，而平均涨粉率最低的分区是电影区。因此，UP 主应该选择适合自己并且拥有较大流量的分区投稿视频，这样能获得事半功倍的效果。

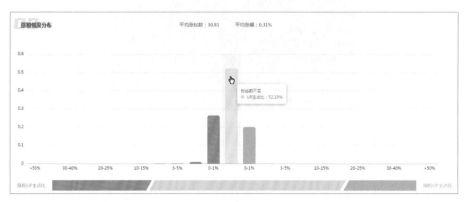

图 9-12　"涨粉幅度分布"板块

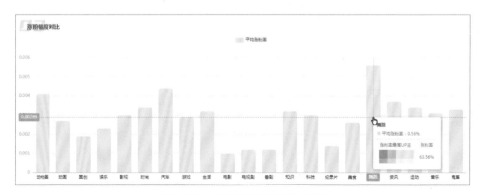

图 9-13　"涨粉幅度对比"板块

4. 投稿 / 播放总量对比

在"投稿 / 播放总量对比"板块中，通过查看各分区新增稿件、新增播放量在整体环境下的占比情况，可以发现哪些分区的流量相对更有优势，以便助力 UP 主账号运营。如图 9-14 所示，游戏分区的投稿占比和播放量占比都要高于其他分区。

5. 百万粉 UP 数量对比

在"百万粉 UP 数量对比"板块中，可以查看不同分区的百万粉 UP 数量的对比情况，如图 9-15 所示。图中数据显示，生活区中超过百万粉丝的人数最多，达到了 213 人，粉丝量最高的 UP 主粉丝数量达到了 2 313.43 万人。而百万粉

UP 数量最少的分区是电影区、电视剧区和番剧区。

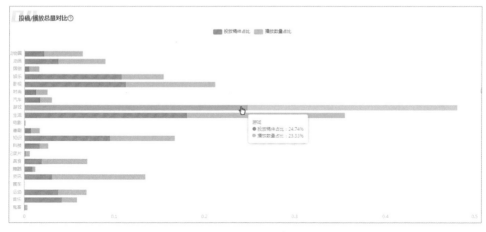

图 9-14 "投稿 / 播放总量对比"板块

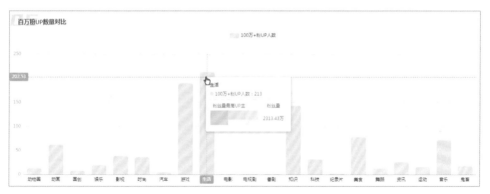

图 9-15 "百万粉 UP 数量对比"板块

9.3 B 站的营销推广数据分析

B 站作为年轻人的文化社区，拥有巨大的流量和极强的用户黏性，它已经成为各大品牌方营销和推广的主阵地。对于品牌方来说，利用数据分析挑选合适的 UP 主，一起创作出具有宣传特色的优质内容，是 B 站营销和推广的关键。

9.3.1 自定义搜索 UP 主

如何在 B 站千千万万的 UP 主当中找到心仪的 UP 主呢？通过火烧云数据平台，可以自定义搜索 UP 主。在火烧云数据平台"首页"页面，单击左侧"UP 主查找"→"搜索 UP 主"按钮，即可进入"搜索 UP 主"页面。

如图 9-16 所示，可以在搜索栏中输入 UP 主名称、简介或者认证信息，单击"搜索"按钮直接搜索。也可以通过属性筛选，包括"所属分类""粉丝数量""UP 主参考报价"和"UP 主信息"4 个属性来挑选适合品牌方的 UP 主。

图 9-16　"搜索 UP 主"页面

除了通过个人信息寻找 UP 主外，也可以通过作品来找到 UP 主。在"搜索 UP 主"页面中，单击"用作品找 UP 主"按钮即可。如图 9-17 所示，可以在搜索栏中输入商品广告类型或者视频特征的关键词直接搜索，也可以通过"所属分类""粉丝数量""时间范围"和"数据筛选"4 个属性进行筛选查找。通过内容、推广互动数据和投放的形式来进行查找，可以精准锁定 UP 主。

图 9-17　"用作品找 UP 主"页面

9.3.2　通过榜单寻找 UP 主

当不知道该关注哪些 UP 主的时候，通过榜单能够快速找到各分区的头部 UP 主。通过分析他们的数据，可以了解各分区头部 UP 主的运营潜力，判断他们是否值得投放。

在"UP 主查找"→"UP 主排行榜"页面中，可以看到"粉丝量排行榜"和"商业价值排行榜"两个榜单。在"粉丝量排行榜"页面中，可以查看 UP 主的"粉丝数""平均播放数 / 评论数"和"云指数"等数据，如图 9-18 所示。

商业价值榜是根据火烧云云指数排行得到各分区商业价值排行。在"商业价值榜"页面中，展示了"云指数""植入报价参考""粉丝数"和"平均播放数 /

点赞数"等数据情况，如图 9-19 所示。

排名	比昨日	UP主	粉丝数	平均播放数/评论数	云播数
1	-		3792.0w	7.8w / 134	765
2	-		2314.4w	19.3w / 1876	638
3	-		2186.6w	294.5w / 6504	792
4	-		1700.5w	470.2w / 6954	822
5	-		1116.6w	39.8w / 3169	801

图 9-18　粉丝量排行榜

所属分类：全部　运动　汽车　动地画　美食　国创　番剧　动画　科技　游戏　知识　生活　时尚　鬼畜　音乐　舞蹈　娱乐　电影　电视剧　影视　纪录片　资讯

排名	UP主	云播数	植入报价参考	粉丝数	平均播放数/点赞数
1		858	¥ 207.272 ~ 259.090	432.9w	33.4w / 1.3w
2		831	¥ 230,000 ~ ¥ 287.500	714.3w	26.9w / 2.0w
3		818	¥ 518.650 ~ ¥ 648,313	1632.7w	332.5w / 36.2w
4		804	¥ 299.984 ~ ¥ 374,980	906.4w	22.5w / 3.5w
5		804	¥ 322,000 ~ ¥ 402.500	924.9w	191.1w / 17.8w

图 9-19　商业价值排行榜

9.3.3　UP 主报价数据分析

在通过自定义搜索或者榜单找到 UP 主之后，可以查看他的基础数据情况，如图 9-20 所示，其中包括"作品数""平均播放数""平均点赞数"以及"平均投币数"等数据。

	LV6	年度大会员	粉			粉丝数	植入报价参考		UP主详博
	bilibili 2021百大UP主、知名汽车UP主					173.9w	¥ 184,000 ~ ¥ 230,000		相似号查询
生活　美食　汽车　运动　音乐									收藏UP主

简介：7200千他！你好坏啊，我好喜欢！合作联系：

云播数	作品数	平均播放数	平均点赞数	平均投币数	平均收藏数	平均评论数	平均转博数	平均分享数	UP主对比
721	532	74.0w	4.4w	2.1w	5,352	1,828	7,984	2,763	加入私有库

图 9-20　某账号的基础数据

在基础数据中，"植入报价参考"数据需要品牌方重点关注。植入报价参考是根据云指数综合各垂直领域头部、腰部和尾部 UP 主历史商单实际费用等数据计算得出的参考范围。根据品牌方的广告投放预算成本，参考植入报价对比 UP 主投放价值，能快速定位值得投放的 UP 主。

9.3.4 B 站 UP 主数据分析

单击账号右侧的"UP 主详情"按钮进入"UP 详情"页面，即可进一步分析 UP 主的主要数据。在"UP 详情"页面的"数据趋势"板块中，展示了日数据和周数据增量趋势图，如图 9-21 所示。将鼠标指针移动至时间点上，可以查看当日粉丝增量的详细数据。从图中可以看出，在 10 月 6 日粉丝增量为19320 人。

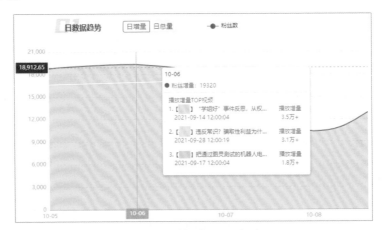

图 9-21　日数据增量趋势图

在"数据趋势"板块中，品牌方还可以通过分析最近 10 个视频作品的数据来评估 UP 主的质量，分析 UP 主的投放价值。而对 UP 主本身来说，也能对账号的运营进行数据复盘，保证账号的稳定运营。

9.3.5 UP 主粉丝数据分析

除了与拥有众多粉丝量的 UP 主合作之外，品牌方还可以通过涨粉排行榜挖掘高潜力的萌新 UP 主。培养萌新 UP 主不仅能节省广告投放的预算，他们成长起来之后也能获得不错的宣传效果。

在"UP 主查找"→"涨粉排行榜"中，展示了近期涨粉率较高的 UP 主排名，还提供了 UP 主的"总粉丝数""粉丝数变化""涨粉率"和"平均播放 / 点赞数"等详细数据，如图 9-22 所示。

所属分类：	全部	运动	汽车	动动画	美食	国创	鬼剧	动画	科技	游戏	知识	生活	时尚	鬼畜	音乐	舞蹈	读书	电影	电视剧	影视	纪录片	资讯
粉丝数量：	全部	1万以下	1-10万	10-20万	20-30万	30-50万	50-100万	100-200万	200-300万	300-500万	500-1000万	1000万以上										
涨粉榜单：	日榜	周榜	月榜																			

排名	UP主	总粉丝数	粉丝变化数 ⑦▼	涨粉率 ⑦▼	平均播放数/点赞数
1	●	1172	+777	196.7%	0 / 0
2		1257	+687	120.5%	0 / 0
3	👤	6.5w	+3.2w	97.28%	11.2w / 6927
4		3.8w	+1.9w	96.21%	6.5w / 9725

图 9-22　"涨粉排行榜"页面

在各分区中选择 10 000 名粉丝以下且涨粉率最高的 UP 主，查看 UP 主的数据详情页面，分析账号的涨粉趋势，就能快速挖掘具有潜力的萌新 UP 主。需要注意的是，品牌方在 B 站投放的时候，一定要查看 UP 主的"活跃粉丝画像"页面，因为 B 站不同分区甚至不同 UP 主下的粉丝画像是完全不一样的。通过粉丝画像分析，能判断 UP 主的粉丝与品牌客户画像是否契合。想要做到精准投放，就要对 UP 主的数据进行精确分析。

9.3.6　UP 主作品画像分析

在"UP 详情"页面的"作品列表"板块中，提供了 UP 主的视频作品列表，可以按照"最新发布""最多播放""最多点赞""最多投币"和"最多收藏"等属性进行排序。列表中还展示了单个视频的播放量、点赞数、投币数以及收藏数等数据，单击视频名称即可查看视频内容，单击"展开精选 20 条精选评论"按钮即可查看该视频下最热门的评论，如图 9-23 所示。

图 9-23　"作品列表"板块

掌握了视频作品的基础数据之后，可以在"作品分析"页面中对视频作品的数据进行进一步分析。在"作品分析"页面中，首先可以了解 UP 主的视频作品分类占比，如图 9-24 所示。图中数据显示,该账号的视频作品大多分布在科技区，这样品牌方可以分析出 UP 主的擅长类型，以及是否适合本品牌的营销和推广。

在"作品分析"页面中还可以查看视频时长分布情况，如图 9-25 所示。图中数据显示，该账号的视频作品时长大多在 5 ～ 10min 之间。品牌方还可以通过分析账号视频作品的高频关键词分布情况来判断 UP 主的舆论和口碑。网络信息高速传播，一件事情无论好坏，只要发酵起来就能抵达网络世界的每个角落。因此，用户对 UP 主的评价也是至关重要的。

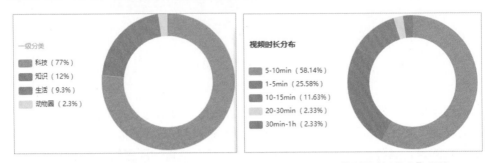

图 9-24　视频作品分类占比　　　　图 9-25　"视频时长分布"板块

9.3.7　UP 主商业价值分析

"UP 详情"页面"商业推广分析"板块中的数据是需要品牌方重点分析的，因为从这些数据能直观地评估出 UP 主是否值得合作。

"商业推广分析"板块主要分为"推广形式分布""品牌合作次数""合作涉及行业""商品价格分布""推广作品数据概览"和"推广作品列表"6 个部分，如图 9-26 所示。

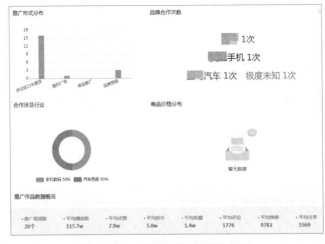

图 9-26　"商业推广分析"板块

B 站的推广形式主要是"评论区口令置顶""邀约广告""商品推广"和"品牌赞助"4 种形式，从图中可以看出，该账号的推广形式大多为评论区口令置顶。

作品的推广数据包括"推广视频数""平均播放数""平均点赞"以及"平均投币"等数据。品牌方通过分析互动数据和视频舆论，可以了解粉丝忠诚度、黏性和粉丝对 UP 主推送广告的容忍度。品牌方还可以根据 UP 主参考报价以及推广数据进行对比分析，与 UP 主进行报价交谈。

在推广作品列表中可以查看单个推广视频、播放量、点赞数、投币数等数据，品牌方通过分析作品的内容和推广数据，可以判断 UP 主的创作能力，如图 9-27 所示。

图 9-27　推广视频信息

9.3.8　不同 UP 主对比分析

在"UP 详情"页面的"找相似 UP 主"板块中，可以查找与账号相似的其他 UP 主账号，如图 9-28 所示。UP 主对近似账号的数据进行分析，可以帮助自己寻找差距，调整和优化运营策略，并能获得创造素材的新思路。

图 9-28　"找相似 UP 主"板块

品牌方可以通过对比相似账号来挑选更加优秀的 UP 主进行合作。将鼠标指针移动至 UP 主头像处，勾选"UP 主对比"选项将其添加到对比列表中，单击"生成对比报告"按钮即可。

　　UP 主对比报告包括"基础数据对比""互动数据对比"和"粉丝数据对比"3 个方面的数据。根据这些数据的对比情况，品牌方可以选择匹配度更高和性价比更高的 UP 主进行合作。

9.3.9　品牌曝光排行榜分析

　　在"品牌营销"→"品牌声量榜单"页面中，包含"电商品牌排行榜""游戏品牌排行榜"和"APP 品牌排行榜"3 个数据榜单。如图 9-29 所示，为电商品牌排行榜。

排名	品牌名称	品牌声量	关联UP主数	关联视频数	播放数	点赞数	评论数	弹幕数
1		19591371	28419	105593	56.5亿+	3.0亿+	796.1万+	1230.7万+
2		33894366	26946	138537	55.6亿+	2.8亿+	988.0万+	1066.0万+
3		28184803	56954	134336	48.4亿+	2.8亿+	1026.2万+	1349.9万+
4		29153730	62918	136093	43.5亿+	2.7亿+	1057.3万+	1815.8万+
5		21737760	21994	109592	28.1亿+	1.7亿+	651.9万+	906.3万+

图 9-29　电商品牌排行榜

　　榜单中包括"品牌声量""关联 UP 主数""关联视频数"以及"播放数"等数据，品牌方通过分析榜单中的数据，首先可以了解竞品曝光数据，知道竞品在 B 站的营销部署；其次可以查看各行业的曝光数据，分析各行业在 B 站生存的概况，进而判断自己的品牌在 B 站能否适应生存；最后可以查看自己品牌的曝光数据——经过一段时间的运营之后，品牌方可以实时跟踪和监控数据情况。

9.3.10　商品推广视频数据分析

　　在"商单分析"→"商单视频分析"页面中，可以查看商品推广视频的信息和数据。其中包括"推广形式"和"推广品牌"等信息，播放量、点赞数、投币数以及收藏数等数据，如图 9-30 所示。品牌方可以了解 UP 主更接受哪种形式的推广，并根据目的选择不同的推广形式。也可以查看投放的效果，判断其是否值得投入资金和人力。

图 9-30　"商单视频分析"页面

9.3.11　竞品数据分析

品牌商家通过对竞品数据进行分析，可以掌握关键的数据指标，在市场竞争中取得先机。商家可以通过竞品曝光搜索、竞品营销报告和竞品营销对比3种方式进行分析。

1. 竞品曝光搜索

在"品牌营销"→"品牌曝光搜索"页面中，可以直接在搜索栏中输入品牌或者商品名称等关键词，来查询品牌或者产品的广告植入和营销信息。也可以通过属性筛选，其中包括"所属分类""粉丝数量""时间范围"和"数据筛选"4个属性，来选择想了解的品牌曝光详情，如图9-31所示。

图 9-31　"品牌曝光搜索"页面

通过搜索或者筛选找到品牌之后，就可以查看品牌的曝光详情，可以精确到标题、动态、播放数、点赞数等信息，如图9-32所示。通过查询竞争品牌植入的各项数据表现，能了解竞品的投放频率，定制差异化营销方案，避免趋同，使投放更有差异性和针对性。

图 9-32　品牌曝光详情

2. 竞品营销报告

在"品牌营销报告"页面中，提供有品牌营销的详细数据，在此能全面掌握自有品牌的竞品在 B 站的数据信息。如图 9-33 所示，在"品牌营销报告"页面的搜索框中输入品牌或者商品的名称，选择时间范围，单击"查询"按钮，即可得到品牌营销报告。

图 9-33　单击"查询"按钮

品牌营销报告中主要包括品牌关联 UP 主数量、品牌关联 UP 主类型占比、UP 主粉丝量级分布、发布作品总量、作品内容类型、品牌营销日期趋势和品牌曝光数据等内容。

查看竞争品牌的营销报告时，主要查看品牌的投放量、投放类型、投放矩阵、关联 UP 主类型、关联作品类型和作品发布时间等信息，做到"知己知彼，百战不殆"。

3. 竞品营销对比

除了分析竞争产品的营销报告之外，品牌方可以直接将自有品牌和竞争品牌进行对比，出具营销对比报告。

如图 9-34 所示，在"品牌营销对比"页面的输入框中输入品牌或者商品的名称，选择时间范围，单击"确认对比"按钮，即可得到品牌营销对比报告。

品牌营销对比报告中主要包括品牌关联 UP 主数量、品牌关联 UP 主类型占比、UP 主粉丝量级分布、发布作品总量、作品内容类型、品牌营销日期趋势和品牌曝光数据的对比等内容。

通过与竞争品牌的营销报告进行对比，可以分析品牌间的策略差异，从而有针对性地做出策略调整。通过分析竞品的达人矩阵和进行预算评估，结合曝光效果，对比投产比的差距，可以在市场竞争中占据先机。

图9-34　单击"确认对比"按钮

第10章

视频号：利用数据驱动业务决策和品牌营销

随着时间的发展，微信视频号已经从一个内容创作平台逐渐转变为"内容＋电商"的创作平台。尽管视频号的电商起步较晚，但它的电商变现模式已具雏形。视频号连接微信生态，其中蕴藏的巨大潜力不言而喻。因此，利用数据进一步驱动业务决策和品牌营销，是视频号电商的发展之道。

本章将为大家介绍视频号的第三方数据平台以及如何使用它们进行数据分析！

- 视频号的数据分析工具
- 视频号的账号概况分析
- 视频号的作品数据分析
- 视频号的营销数据分析

10.1 视频号的数据分析工具

数据分析是视频号内容运营的前提，运营者可以通过一些数据分析方法，来提高视频号的运营水平。本小节将借助微信指数和友望数据进行分析，帮助大家更好地运营视频号。

10.1.1 微信指数

微信指数是基于微信大数据进行分析得出的一种指数，同时也是微信大数据的一个重要指标。因为微信指数的高低代表的是相关内容在微信中的热门程度，而视频号又是微信的一个重要组成部分，所以以分析微信指数对视频号运营者来说是非常重要的。微信指数可以帮助运营者了解关键词热度，紧抓潮流，下面为大家介绍具体内容。

1. 搜索关键词的热度

微信指数是衡量关键词热度的一种重要工具，通常来说，关键词在微信中的热度越高，其微信指数的数值就越大。因此，运营者可以通过查看关键词的微信指数，来判断其在微信中的热度。具体来说，视频号运营者可以通过如下步骤，查看关键词的微信指数。

步骤01 登录微信，点击下方的"发现"按钮，进入"发现"界面；点击界面中的"搜一搜"按钮，如图 10-1 所示。

步骤02 进入"搜一搜"界面，点击"微信指数"按钮，如图 10-2 所示。

图 10-1 点击"搜一搜"按钮   图 10-2 点击"微信指数"按钮

步骤03 进入微信指数界面，在上方的搜索栏中输入关键词，如"毛衣"。

操作完成后，便可查看该关键词的微信指数，如图 10-3 所示。

步骤 **04** 搜索结果中显示的只是微信指数的部分内容，如果视频号运营者点击对应的搜索结果，便可进入"微信指数"微信小程序界面，查看该关键词近30 日的指数变化情况，如图 10-4 所示。

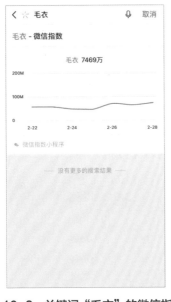

图 10-3 关键词"毛衣"的微信指数　　　　图 10-4 "微信指数"页面

在"指数趋势"板块下方还有"数据异动记录"和"数据来源"两个板块。在"数据异动记录"板块可以查看数据异常或者大幅波动的时间和具体数据，其中包括"整体指数值日环比""视频号来源日环比"等。"数据来源"板块可以查看搜索该关键词的观众平台来源，如图 10-5 所示。

图 10-5 "数据异动记录"和"数据来源"板块

2. 通过指数紧抓潮流

除了查看单个关键词的微信指数之外，视频号运营者还可以对两个或多个关键词的微信指数变化情况进行对比，从中选择微信指数更高的关键词，并根据该关键词打造内容，从而更好地吸引更多微信用户查看视频号内容。具体来说，视频号运营者可以通过如下步骤对两个关键词的微信指数进行对比分析。

步骤 ① 在"微信指数"微信小程序的搜索栏中输入关键词，如"毛衣"，进入"指数详情"界面查看其微信指数，点击其中的"＋添加对比词"按钮，如图 10-6 所示。

步骤 ② 操作完成后，界面中会弹出"输入搜索词"对话框，在对话框中输入需要对比的关键词，如"卫衣"，点击"对比"按钮。操作完成后，界面便会显示两个关键词近 30 天的指数趋势对比，如图 10-7 所示。另外，点击界面的日期按钮，还可以查看两个搜索关键词的不同周期对比分析。

图 10-6 点击"＋添加对比词"按钮

图 10-7 对比指数趋势

图中数据显示，"毛衣"的微信指数数值总体趋势比"卫衣"高。因此，视频号运营者可以据此打造与"毛衣"相关的商品推广。

以上是对比分析两个关键词的具体步骤，参照同样的方法，视频号运营者还可以对 3 个及以上关键词的微信指数进行对比。

10.1.2 友望数据

友望数据平台是一款监控视频号运营及广告投放效果的专业工具，能提供全网优质视频号博主查询等数据服务，并提供多维度的视频号榜单排名、视频号直播等实用功能。图 10-8 所示为友望数据的"工作台"页面，左侧包括"视频号直播""视频号查找""电商分析"以及"热门内容"等功能栏目。

图 10-8 "工作台"页面

在友望数据的"工作台"页面中，视频号运营者主要把握两个板块的内容。一是"创意直击"板块，运营者在该板块中可以查看当前受欢迎的短视频内容，从而为自身的内容打造寻找灵感；二是"电商变现"板块，视频号运营者在该板块中可以了解适合在短视频平台进行变现的产品，从而为用户提供产品，增强账号的变现能力。

1. 创意直击

视频号运营者单击"工作台"页面左侧的"热门内容"→"热门视频"按钮，即可进入"热门视频"页面。在"热门视频"页面中，会根据传播指数对短视频进行排序，并且还会展示"点赞数""评论数""转发数"和"收藏数"等数据，如图 10-9 所示。

视频号运营者可以通过"热门视频"页面查看当前热门的短视频内容，并从中寻找并借鉴视频内容中优质的创意和技巧，从而提高自身的内容生产水平，以打造出更具吸引力的视频内容。

在"热门视频"的下方是"热门话题"栏目。进入"热门话题"页面，可以查看热门话题排序，并且还可以查看该话题下"参与作品""参与博主""总点赞"以及"总转发"等数据，如图 10-10 所示。

图 10-9　"热门视频"页面

话题信息	参与作品	参与博主	总点赞	总转发	总收藏	总评论	操作
#热门 最早收录时间：2020-09-29 15:06:54	1333	529	88.17w	42.14w	11.67w	2.25w	详情
#正能量 最早收录时间：2020-08-28 09:36:43	1245	674	172.02w	119.92w	34.32w	8.61w	详情
#本地新闻 最早收录时间：2020-12-05 16:35:18	1116	193	27.05w	29.19w	12.08w	4.12w	详情
#搞笑 最早收录时间：2020-08-27 18:29:22	813	418	106.74w	50.08w	12.37w	2.95w	详情

图 10-10　"热门话题"页面

视频号运营者可以通过"热门话题"页面查看当前的热门短视频话题，并在短视频发布过程中添加对应的话题，从而吸引更多对话题感兴趣人群的关注，提高短视频的热度。

在"热门话题"的下方是"热门活动"栏目。进入"热门活动"页面，可以查看热门活动排序，并且可以查看该活动的"参与作品数""总转发""总收藏"以及"总评论"等数据，如图 10-11 所示。

热门活动		发起者	参与作品数	总获赞	总转发	总收藏	总评论	操作
进行中	你好天津短视频大赛 致敬奋斗的时代，用镜头大祖国，运歌奋斗精神，点赞幸福生活。 活动时间：2021-11-14 12:43 至 2022-05-12 23:00		3799	95.56w	72.13w	5.66w	2.74w	详情
进行中	美食分享 在布满的泡泡不归路上，人美，从来都不甚年！ 活动时间：2021-11-02 00:03 至 2022-04-17 23:00		3313	208.75w	212.90w	38.52w	8.07w	详情
进行中	2022年我最好 加油 活动时间：2021-11-04 20:24 至 2022-05-01 21:00		2860	105.77w	86.82w	14.38w	4.67w	详情

图 10-11　"热门活动"页面

在"热门活动"的下方是"飙升视频"栏目。进入"飙升视频"页面，可以查看近期根据点赞增量排序的视频数据，包括"点赞数""转发数""收藏数"和"评论数"等数据，如图 10-12 所示。

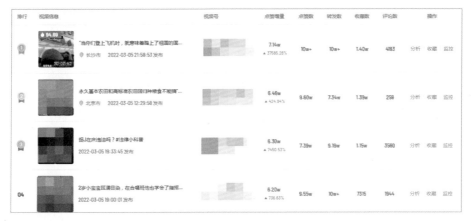

图 10-12 "飙升视频"页面

视频号运营者可以通过"飙升视频"页面寻找近期热门焦点，把握时下的流行动态，根据热点制作视频内容，才能获得不错的效果。

2. 电商变现

视频号运营者单击"工作台"页面中的"电商分析"→"商品排行榜"按钮，即可进入"商品排行榜"页面。在"商品排行榜"页面中，会根据预估销量对商品进行排序，并且还会展示"预估销售额""浏览量""关联视频"和"关联直播"等数据，如图 10-13 所示。

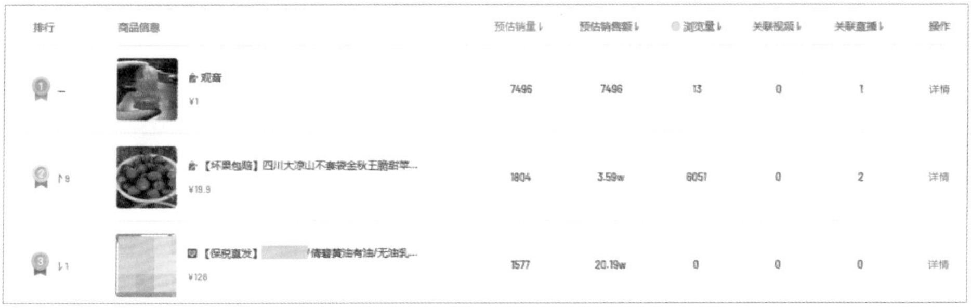

图 10-13 "商品排行榜"页面

视频号运营者可以通过"商品排行榜"页面查看当前短视频中的热销商品，并选择适合自己的商品进行营销，从而通过提高商品的销量，保证账号的收益。

视频号运营者单击"工作台"页面中的"视频号直播"→"直播带货榜"按钮，即可进入"直播带货榜"页面。在"直播带货榜"页面中，会根据预估销售额对商品进行排序，并且还会展示"带货直播""观众总数""场均观看"和"预估销量"等数据，如图 10-14 所示。

视频号运营者可以通过"直播带货榜"页面分析相关商品的直播带货数据，从中借鉴他人的成功经验，从而打造出对用户更具吸引力的直播带货内容，增强用户的购买欲望。

排行	主播信息	预估粉丝数	带货直播	观众总数 ↓	场均观看 ↓	预估销量 ↓	预估销售额 ↓	操作
1 ↑1		1w以下	2 查看	10.31w	5.16w	546	1422.12w	详情 收藏
2 ↑31		1w以下	2 查看	6.68w	3.34w	460	1369.04w	详情 收藏
3 ↓2		10w+	2 查看	1.70w	8518	97	367.10w	详情 收藏
04 ↑1		1w以下	4 查看	18.59w	4.85w	1068	196.56w	详情 收藏
05 ↑26		1w以下	2 查看	32.88w	16.44w	1.69w	128.65w	详情 收藏

图 10-14　"直播带货榜"页面

视频号运营者单击"工作台"页面中的"电商分析"→"小商店排行榜"按钮，即可进入"小商店排行榜"页面。在"小商店排行榜"页面中，会根据预估销售额对商品进行排序，并且还会展示"推广商品""关联直播"和"预估销量"等数据，如图 10-15 所示。

排行	商店信息	预估销售额 ↓	预估销量 ↓	关联直播 ↓	推广商品 ↓	操作
1 New	主营 珠宝配饰	34.62w	393	1	56	详情
2 ↑2	主营 男装女装	21.83w	441	1	54	详情
3 -	主营 培训教育	21.17w	580	17	7	详情
04 ↑5	主营 护肤	20.95w	838	2	23	详情

图 10-15　"小商店排行榜"页面

视频号运营者可以通过"小商店排行榜"页面查看视频号中的热门店铺，并在此基础上选择合适的店铺进行合作，通过短视频或者直播销售店铺中的商品，从而在保证商品质量的同时，增加电商变现成功的概率。

10.2 视频号的账号概况分析

视频号的账号数据是一个账号最直观的体现，对视频号的账号概况进行数据分析，可以帮助运营者掌控账号的实时数据，运营者可以随时调整和优化运营策略；还可以对竞争账号的数据监控跟踪使在市场竞争中立于不败之地。

本小节将借助第三方数据平台新视数据平台进行分析，帮助大家更好地对账号进行数据分析。如图 10-16 所示为新视数据平台的首页页面，其左侧包括"视频号直播""找视频号""指数榜单"以及"视频号动态"等功能栏目。

图 10-16 新视"首页"页面

10.2.1 日新榜指数分析

单击"首页"页面中的"指数榜单"按钮，可以看到"日榜""周榜"和"月榜"3 个功能栏目，这 3 个榜单可以帮助我们了解近期热门的视频账号。单击"日榜"按钮，进入日榜榜单页面，可以查看新视指数账号排名和账号数据的榜单，其中包含"新增作品数""总点赞数""平均点赞数"和"最高点赞数"等数据，如图 10-17 所示。

单击"账号名称"按钮，进入"视频号详情"页面，可以进一步了解账号的详细数据。如图 10-18 所示为某视频号的"日新榜指数"板块，图中数据显示，该账号 2022 年 3 月 2 日的"日新榜指数"为 803.4，这一天发布了 3 个作品，总共获得了 12 416 次点赞，作品的平均点赞次数为 4 138 次，作品的最高点赞次数为 10 902 次。

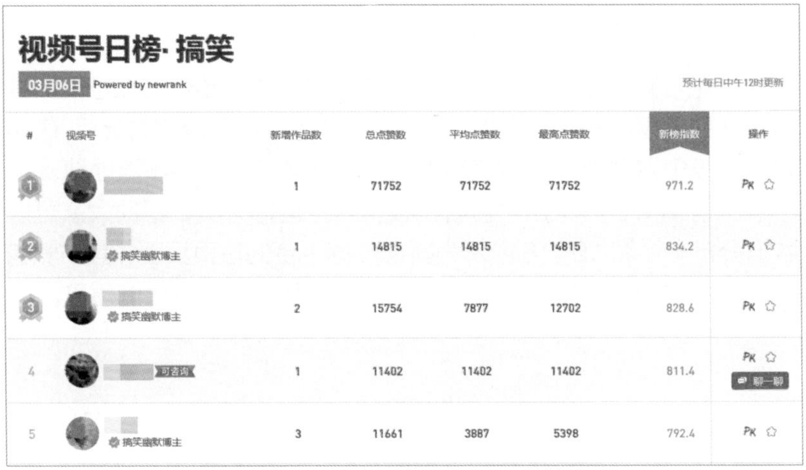

图 10-17 "视频号日榜·搞笑"页面

图 10-18 "日新榜指数"板块

10.2.2 历史表现分析

在"日新榜指数"板块的右方是"近 7 天日榜走势"和"历史表现"板块，如图 10-19 所示。在"近 7 天日榜走势"板块中，提供了近 7 天的指数数据趋势图，从图中可以分析出账号的运营状态。在"历史表现"板块中，提供了账号的收录时间、收录后的活跃发布天数和历史最高日新榜指数及该指数发生的日期。

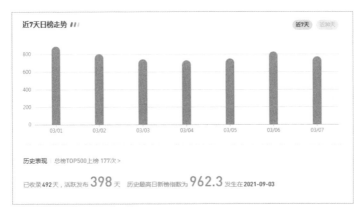

图 10-19　"近 7 天日榜走势"和"历史表现"板块

通过对比不同账号的历史表现，可以帮助我们更全面地了解账号的数据差异，为后续的运营提供数据基础。

在"日榜"页面中，单击"操作"栏中的 PK 按钮，即可添加账号到对比列表（最多可以同时对比 5 个账号的数据）。添加想要对比的两个或者多个账号之后，单击"开始对比"按钮，即可进入数据对比结果页面，如图 10-20 所示，其中包括"周新榜指数""总点赞数""作品总数"以及"获赞 10w+ 篇数"等数据对比。

图 10-20　"视频号数据对比"页面

10.2.3　直播数据分析

在账号的"视频号详情"→"直播数据"页面中，可以查看关于直播的数据。在"直播数据"页面中，第一个部分是"直播概况"和"直播特征"板块，如图 10-21 所示。其中"直播概况"板块记录了"场均观看人数""场均点赞"以及"场均直播时长"等数据，而"直播特征"板块则显示了开播时长和开播次数最多的区间，以及常见的直播时段信息。

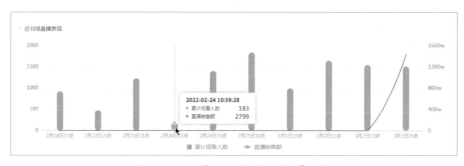

图 10-21　"直播概况"和"直播特征"板块

"直播数据"页面的第二个部分是"近 10 场直播表现"板块，如图 10-22 所示。移动鼠标指针至图中想了解数据的时间点上，可以看到该时间点的详细数据。从图中可以看到，该视频号在 2022 年 2 月 24 日 10 点的直播中，累计观看人数为 183 人，直播销售额为 2799 元，在最近的 10 场直播数据中，2 月 24 日的数据远低于其他几天的直播数据。那么账号的运营者就需要及时回顾该场直播的内容，找到问题所在，避免在以后的直播中出现同样的问题。

图 10-22　"近 10 场直播表现"板块

10.2.4　带货数据分析

"带货数据"页面分为"带货概况"和"带货特征"两个板块。"带货概况"板块提供了基础的带货数据，包括"直播带货的商品数""带货直播数""总销量"和"总销售额"等数据，如图 10-23 所示。

"带货特征"板块展示了直播商品的来源分布、直播销量 Top 商品的品类和直播商品价格分布，如图 10-24 所示。

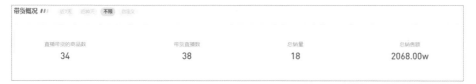

图 10-23　"带货概况"板块

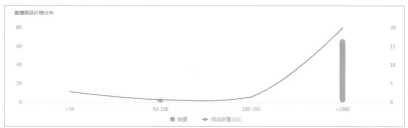

图 10-24　"带货特征"板块

10.3　视频号的作品数据分析

随着各类运营者纷纷加入微信视频号进行创作，作品内容不断丰富，发布的作品数量不断增长。因此，在竞争越发激烈的情况下，长期坚持输出优质内容才是关键。对视频号的作品进行数据分析，可以帮助运营者了解观众需求、找准视频定位，进而完善视频号的内容制作。

10.3.1　整体数据表现

在账号的"视频号详情"页面中，除了能查看账号概况数据，还可以查看作品数据表现。在"视频号详情"页面的"整体数据概览"板块中，提供了"获赞中位数""最高获赞数""十万赞作品数""集均获赞""集均评论"以及"集均转发"等数据，如图 10-25 所示。

图 10-25　"整体数据概览"板块

图中数据显示，该账号在 1 年多的时间内，发布了 1 014 个作品，但集均获赞数只有 10 228.8 个，10 万 + 赞作品数只有 32 个。分析这些数据可以让我们知道该账号的运营策略是以量取胜，通过发布大量的作品来获取关注。这种运营方式的好处是大量的视频作品可以吸引大量的曝光度和关注度，而坏处是账号质量不高，视频作品内容参差不齐，同质化的视频很容易让观众审美疲劳，造成大量粉丝的流失。

10.3.2　查看作品列表

在"整体数据概览"板块的下方是"作品列表"板块，其中显示账号之前发布的视频，可以按照点赞数或者发布时间进行筛选，如图 10-26 所示。

图 10-26　"作品列表"板块

另外，运营者还可以单击"作品列表"板块中的对应视频，进入视频数据分析页面，查看视频详情数据和趋势互动情况。

如图 10-27 所示为某微信视频号视频的"视频详情"页面。在该页面中，运营者不仅可以查看视频内容和数据，还可以查看视频的评论词云情况。

图 10-27　"视频详情"页面

10.3.3　作品特征分析

在"作品列表"板块的右侧是"最常使用的话题"和"内容词云"板块，在此处运营者可以查看已发布微信视频号视频经常使用的话题和内容详情，如图 10-28 所示。从图中可以看到，该账号作品中最常使用的话题包括"搞笑""微信喜剧时刻""热门""反转""美女"以及"涨知识"等，该账号已发布内容中经常出现"喜剧""时刻""大宝""美女"以及"热门"等。

图 10-28　"最常使用的话题"和"内容词云"板块

10.3.4　作品发布分析

在"最常使用的话题"和"内容词云"板块的下方是"视频时长分布"和"发布时间分布"板块，此处展示了视频时间长度的占比和发布视频时间的分布情况，如图 10-29 所示。图中数据显示，该账号的视频作品时长大多在 30s ~ 3min，发布时间大多在 12:00 ~ 24:00。

图 10-29   "视频时长分布"和"发布时间分布"板块

10.3.5 作品获赞分布

在"视频时长分布"和"发布时间分布"板块的下方是"作品获赞分布"板块，该板块展示了微信视频号作品点赞数分布范围最多的作品个数和占比情况。

如图 10-30 所示为某微信视频号的作品获赞分布情况。图中数据显示，该微信视频号中点赞数为 100 ~ 500 的作品为 318 个，在所有记录的作品中占比 31%。另外，移动鼠标指针停留在点赞分布图中，可以查看某个点赞范围内的作品数量。从图中可以看出，该微信视频号中有 145 个作品的点赞数在 1 万 ~ 5 万次之间。

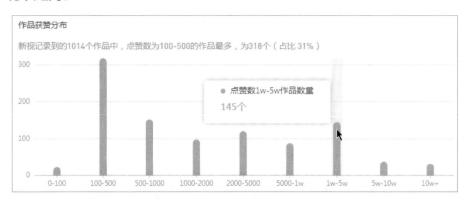

图 10-30   "作品获赞分布"板块

10.3.6 挂链概况分析

挂链是指视频号创作者在视频内设置扩展链接，通过链接可以跳转到公众号阅读推送的文章，也可以设置商品链接进行流量变现。

"短视频挂链"页面分为"挂链数据"和"扩展链接"两个板块。在"挂链数据"板块中，提供了详细的扩展链接数据，包括"挂链作品数""挂链作品占比""挂链作品平均获赞"以及"扩展链接数"等，如图 10-31 所示。

图 10-31 "挂链数据"板块

在"扩展链接"板块中，可以查看具体的链接列表，其中包含"发布时间""挂链视频平均获赞"和"挂链视频数"等数据，如图 10-32 所示。将鼠标指针停留在"挂链视频数"栏中的数字上时，可以查看该条扩展链接的数据前三名的热门视频。

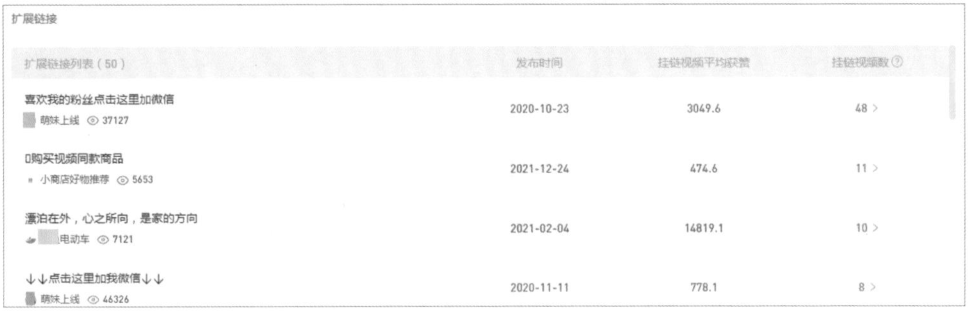

图 10-32 "扩展链接"板块

10.4 视频号的营销数据分析

视频号如今已经不只是能带来欢乐和传递情感，它在直播带货和品牌营销的市场竞争中也占有一席之地。对视频号的营销数据进行分析，可以帮助运营者可持续输出内容以及快速实现流量变现。

10.4.1 直播带货风向

在新视数据平台"首页"页面左侧的"视频号直播"栏目中，单击"直播带货风向"子栏目按钮，进入"直播带货风向"页面，就可以全面了解整个视频号直播带货市场的数据情况。

"直播带货风向"页面的第一个板块是"商品销量分布"，它以组合图的形式直观地展示了全部分类商品的数量和直播销量的数据情况，如图 10-33 所示。

图中数据显示，在视频号的直播带货中，服装鞋帽是最受观众喜爱的商品分类。

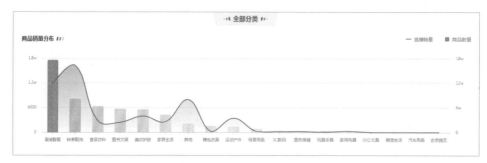

图 10-33　"商品销量分布"板块

"直播带货风向"页面的第二个板块是"商品数量/直播销量走势"，它以组合图的形式直观地展示了全部分类商品的数量和直播销量走势，如图 10-34 所示。

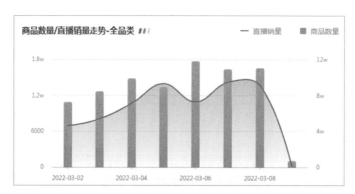

图 10-34　"商品数量/直播销量走势"板块

"直播带货风向"页面中的另两个板块是"爆款商品"和"热门带货主播"，如图 10-35 所示。

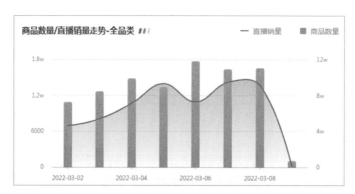

图 10-35　"爆款商品"和"热门带货主播"板块

在"爆款商品"板块中，可以了解近期视频号带货的热门商品和数据，包括"直播价""最新上架时间""关联主播"和"直播销量"等，它们可以为视频号运营者的直播带货选品提供参考。

在"热门带货主播"板块中，可以查看近期的视频号热门带货主播，以及他们的直播销售额数据，通过分析热门主播的直播内容，可以为运营者的直播带货内容提供新思路。

10.4.2 品牌营销推广

在新视数据平台"首页"页面左侧的"品牌营销"栏目中，包含"品牌声量"和"品牌搜索"两个子栏目。"品牌声量"功能页面是根据视频点赞数对品牌的推广情况进行排名，展示了"推广账号数""推广视频数"和"视频评论数"等数据，如图 10-36 所示。在"品牌搜索"功能页面中则可以直接输入品牌名称进行搜索，以便了解该品牌的详细数据情况。

品牌			推广账号数	推广视频数	视频评论数	视频点赞数
1		家电 所属公司：	130	686	1.44w	92.49w
2		图书文娱 所属公司：	27	222	3.07w	75.14w
3		3C数码 所属公司： 互联信息服务有限公司	14	404	2.99w	29.28w

图 10-36 "品牌声量"页面

想要进一步了解品牌的营销推广数据情况，可以直接单击想要了解的品牌名称，进入"品牌详情"页面，其中包含了"推广分析""推广视频""推广账号"和"参与话题"4 个板块。

1. 推广分析

"推广分析"板块分为"推广表现"和"获赞趋势"两个选项区，如图 10-37 所示。"推广表现"选区提供了"推广账号""推广视频""总获赞数""总评论数""最高获赞数"和"最高评论数"等数据。"获赞趋势"选区以折线图的形式展现了品牌推广视频的获赞增量的趋势。

2. 推广视频

"推广视频"板块分为"每日发布视频"和"视频时长分布"两个选项区，如图 10-38 所示。"每日发布视频"选项区以柱状图的形式直观地展示了近 30 天新增视频的数据和趋势。

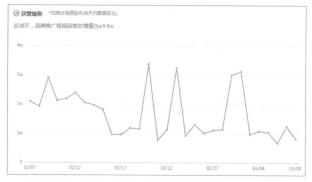

图 10-37　"推广表现"和"获赞趋势"选项区

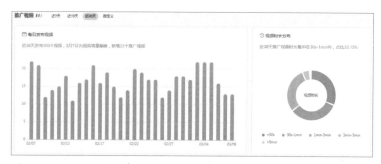

图 10-38　"推广视频"板块

3. 推广账号

"推广账号"板块分为"性别分布"和"类别分布"两个选项区，如图 10-39 所示。在"类别分布"选项区中可以了解哪一类的账号最常推广该品牌。

图 10-39　"推广账号"板块

4. 参与话题

"参与话题"板块提供了该品牌参与话题讨论的数据，如图 10-40 所示。

图 10-40　"参与话题"板块

4．参与话题

"参与话题"板块提供了该品牌参与话题讨论的数据，如图 10-40 所示。

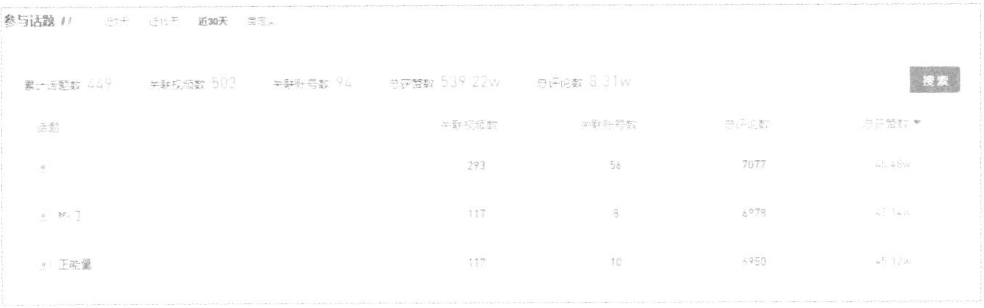

图 10-40　"参与话题"板块